İsteğin Benim İçin Emirdir

NEMESİS KİTAP / Kişisel Gelişim
Yayın Numarası: 448

İsteğin Benim İçin Emirdir Mine Ölmez

Yayın Yönetmeni: Serap Çakır
Yayın Koordinatörü: Melih Günaydın
Baş Editör: Rose Mary Samanoğlu
Editör: Adalet Çavdar
Redaksiyon: Ece Karaağaç
Düzelti: Beki Nil Levi
Kapak Tasarımı: Cem Özcan
Sayfa Düzeni: Tülay Malkoç
Sosyal Medya: Damla Tuzcu

ISBN: 978-605-2164-99-0
28. Baskı: Mayıs 2023
(Her baskı 1000 adet)

Nemesis Kitap:
Gümüşsuyu Mah. Osmanlı Sok. Osmanlı İş Merkezi 18/9 Beyoğlu/İstanbul
Tel.: (0212) 222 10 66 info@nemesiskitap.com • www.nemesiskitap.com
Sertifika No: 49065

Baskı ve Cilt:
Yıldız Mücellit Matb. ve Yay. San. Tic. A.Ş.
Maltepe Mah. Gümüşsuyu Cad. Dalgıç Çarşısı Apt. No: 3/4
Zeytinburnu/İstanbul
Tel.: 0212 613 17 33 Faks.: 0212 501 31 17
Sertifika No: 46025

Mine Ölmez

İsteğin Benim İçin Emirdir

Mine Ölmez Gürdoğan 1990 yılında Mersin'de doğup büyüdü. Resim ve müziğe olan yeteneğinden dolayı lise eğitimi için Güzel Sanatlar'ı tercih edip Nevit Kodallı Anadolu Güzel Sanatlar Lisesi'ni, ardından Çukurova Üniversitesi Güzel Sanatlar Fakültesi'ni iyi dereceyle bitirdi. Astrolojiye ve ruhsal konulara olan ilgisi ortaokul yıllarında başladı ve daha o yaşlarda astrolojiyle ilgili yaptığı ilginç yorumlarıyla dikkat çekti. 2014 yılında başladığı Astroart Astroloji Okulu'ndan 2017'de mezun oldu. 2010 yılında Ankara'da NLP Master Trainer ve yaşam koçluğu eğitimleri aldı. Hastalık ve birtakım sorunlardan dolayı geç kalınmış bir adım gibi görünse de, aslında her şeyin daima olması gerektiği zamanda gerçekleştiğinis astroloji sayesinde kavradı. Yazarın hayattaki amacı, astrolojinin her şeyden önce bir sanat olduğunu ve en faydalı kadim öğretilerin başında geldiğini insanlara anlatmaktır. *İsteğin Benim İçin Emirdir* yazarın ilk kitabıdır.

mineninastrolojisayfasi

İÇİNDEKİLER

Giriş **11**

Yeter Ki İstemeyi Bil **15**
Kendini Bilmek 17
Hava, Su, Toprak, Ateş 19
Kendine Ait Olanı Bilmek 21
Dengelenmek 22
Önce Kendini Tanı 25
Olumlama Meditasyonu 28
Kendinizi Yeterince Seviyor Musunuz? 29
Akışta Kalmak ve Anda Yaşamak 32
Temizlik, Saflık, Denge 34

Affetmekle Gelen Mucize **37**
Affetmek 39
Geçmişi Şifalandırmaya Mecbursun 40

Her Kapının Anahtarı **43**
İstekler ve Blokajlar 45
Bilinçaltı 50
Net Olmak 52
Zorunlu Hissetmek, Katlanmak 54
Niyet Etmek 56
İsteme Sanatı 58
Sembollerle İstemek 62

Semboller 65
Bitkiler 70
Hayvanlar 72
Renkler 75
Rüyalardaki Semboller 78
İstemenin Gücü 87

Her Şey Niyet Etmekle Başlar 91
Niyetler ve Eylemler 93
Dilek ve Niyetler İçin Özel Alanlar Yaratmak 96
Niyetinle Konuş 100

İsteğin Benim İçin Emirdir 105
Zihnin Gücü 107
Anı Hissetmek 111
Dil ve Üslup 112
Çekim Yasası 115
İptal Etmek 117

Evrensel Değişmez Yasalar 121
"Gökte Ne Varsa Yerde De O Vardır" 123
"İçinde Ne Varsa Dışında Da O Vardır." 126

Her Şey Sayılarda Gizlidir 129
Kaderin Matematiği 131
Sayılar Bilimi ve Sayıların Derin Ezoterik Anlamları 138
Sayılar ve Anlamları 139

Bir Rehber Olarak Dünyanın Uydusu Ay 145
Ay 147
Ay'ın Fazları 150
Ay'ın Dört Element Üzerindeki Etkisi 163
Ay'ın Burçlara Göre Konumu 167
Gezegenlerin Saatleri 183

Bilinen Tüm Olumsuz Enerjilerden Nasıl Korunuruz? 189
Nazar, Maji ve Kötü Enerjilerden Nasıl Kurtulur ve Korunuruz?....191
Günler ve Enerjileri 204

Su Ritüeli ve Elementlerin Gücü 211
Ritüellere Giriş..213
Ateş Ritüeli...219
O da Beni Sevsin Ritüeli..222
Güzelleşme Ritüeli 224
Su...225
Su Ritüeli 228
Ağaç Ritüeli...230
Toprak Ritüeli 239

Aşka Davet Eden Gerçek Yaşam İksirleri 241
Aşkı Davet Eden Bitki ve Karışımlar.................................243
Doğru İlerlediğinizi ve Tekâmül Yoluna Girdiğinizi
Nasıl Anlarsınız? 252

Sonsöz...255

Bunu ben değil bilinçaltın söylüyor; isteğin benim için emirdir!
Ne istersen onu alacak, neye benzersen kendine onu çekeceksin.
Bu kitaptaki maddeleri özümsediğinde bilinçaltına doğru
komutlar vermeyi öğrenmiş olacaksın...

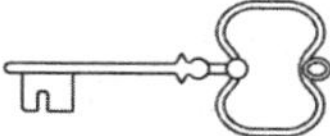

Giriş

İnsan, kendini çoğu zaman istek ve ihtiyaçlarının arasında sıkışmış, aciz hisseden bir canlı türü. Her birimiz, hayati önem arz eden ihtiyaçlar ve hayati olmasalar da kendimize hedef olarak belirlediğimiz isteklere sahibiz. Üstelik ihtiyaçlarımız ve taleplerimiz için etrafta tonla yargı, engel ve eleştiri mevcut. Ev, araba, eşya istediğimizde maddiyatçı olmakla, insani ihtiyaçlarımıza fazla düşkün hale geldiğimizde nefsine hâkim olamayan biri olmakla yargılanırız çoğu zaman. Oysa beden ve ruh nasıl birlikte doyuma ulaşabiliyorsa, madde ve mana da iç içedir. İnsan kendi arzusundan feragat etsin ya da etmesin, bedensel ve ruhsal ihtiyaçlar piramidindeki eksik tuğlalar başka alanları da bozar.

İstemek insanın en doğal hakkıdır. İnsanı insan yapan, Yaradan'la ve evrenle bağlarını güçlendiren en önemli özelliğidir bu. İhtiyaçlar canlılığın, arzu ve umutlar ise insan oluşun işaretleridir. İstemek, zaten en güçlü enerjiyi yaymak ve istediğini almayı garantilemek demektir. "O zaman benim isteklerim neden bana gelmiyor?" diye sorduğunuzu duyar gibiyim. Çünkü istemenin de bazı püf noktaları var. Bu kitapta bu püf noktaları anlatmaya çalışacağım. İsterken nasıl bir rahatlık, hoşluk ve doğallık içinde isteyeceğimizi bilmek birincil koşul. Kendi değerimizin çok üstünde bir anlam yükleyip, içten içe "Mümkün değil, zor, olanaksız," gibi sözcüklerle kodlamalar yaptığımız hiçbir niyet de yerini bulmaz. Arzumuza bir biçimde sahip olmayı başarabilsek bile bu sahip oluş kalıcı ve sağlıklı olmaz. Dünyanın en iyi ve en çok dua eden bireyi de olsak, kendimizi sevmiyorsak isteklerimiz ya olmayacak ya da olsa bile bizi memnun etmeye yetmeyecektir. Siz yeter ki fark edin, ne istediğinizi ve istediğiniz şeyle aranızdaki mesafeyi fark edin ve tamamlayın.

Bu kitabı yazmaya karar verdiğimde vasat bir hastane odasında can çekişiyordum ve sadece birkaç hafta önce ölümden dönmüştüm. Yatağımda her gün birkaç paragraf bitiriyordum ve tek amacım, yaptığım hataları kimse hastane odalarına düşmeden, ölümle burun buruna gelmek zorunda kalmadan tüm hemcinslerime anlatabilmekti. Nihayet tüm sözler bu kitapta sizlerle buluştu.

Aslında hayatın bazen dümdüz olduğunu, en pratik ve basit uygulamaların insana nasıl da iyi geldiğini anlatmak istiyorum. Her birimiz isteklerimiz ve ihtiyaçlarımız arasında sıkışıp kaldığımız ve üzerine bir de sık sık yargılanıp incitildiğimiz bu gezegende bereketimizi, eril ya da dişil enerjimizi, ümitlerimizi yitirmişken, bu kitap her birimize var olan yetilerimizi yeniden hatırlatsın ve biz de onları yeniden hayata geçirebilelim diye yazıldı. Çünkü çok bereketli bir gezegendeyiz; harika, son sürüm işlek bir beyne ve bir sürü özel meziyete sahibiz ama kendi kendimizi her an sıradanlaştıran yine biziz. Oysa istemek eyleminin varlığı bile, istediğin her neyse onu almaya dair en güçlü niyettir. İşte bu kitapta isteklerini kendine çağırmayı, istediğin şeye dönüşmeyi, onunla aynı frekansta titreşmeyi öğreneceksin.

Bu kitabı hayata geçirmek noktasında beni cesaretlendiren tüm danışanlarıma, harika hikâyeleri, mükemmel duruşları ve varlıklarıyla bana güç veren tüm kadınlara, beni tam da uyanış çağı 2012'de ölümcül bir hastalığın kucağına bırakıp adeta kafama kozmik bir tavayla vuran Yaradan'ıma, korkunç bir hayatı olduğu halde bizi sevmekten vazgeçmeyen anneme ve beni büyüten annemin yokluğunda küçük annelerim olan ablalarıma, beni her daim koruyan ve uyaran yüksek benliğime, koruyucu meleklerime, kendime, sevgili çok sevgili Mine'ye sonsuz şükranlarımı sunuyorum. İyi ki birlikteyiz, her zaman birlikte olmak ümidiyle...

Salya sümük ağlayan bir kadınken ölümün kıyısından dönmek beni kendime getirdi. Bu yüzden kadınlara unuttukları meziyetlerini hatırlatmak istiyorum.

Seslenmek istiyorum onlara:

Ey kadın, sen rahim taşıyorsun. O ki Yaradan'ın en özel kimliklerinden. Sen istersen yaparsın. Öyle bir sarıp sarmalarsın ki şefkatinle, istediğin her neyse pervane ola ola, senden başka hiçbir şeyi alternatif kabul etmeden sana gelir.

Sen Kibele'nin bereketini taşıyorsun, sen besleyip büyütensin, aynı zamanda Lilith gibi entrika dolu olabilirsin ya da asice baş kaldırabilirsin. Sadece bir başka şeye benzemeden ve birini çok sevmeden önce kendine var olmak için fırsat tanımalısın. Sana doğuştan verilen yeteneklerini keşfetmelisin.

Senin adın ne? Buraya ne amaçla geldin? Öylece saçlarını kestirmenin bile algılarına, yeteneklerine verdiği zararı ya da kusur sandığın her şeyin bir anlamı olduğunu bilseydin ne olurdu? Ne denli farkında olmadan yaşadığını bilseydin, falcı falcı gezmek yerine sadece alfa boyutunda bilgileri almayı seçseydin? Seçilen değil seçen olabilmek ve en doğal ihtiyacın olan şefkati almak esasen çok kolay, en kolay olan... Bilseydin? Minik bir mum alevi, birkaç damla bitki özü, bir parça ağaç kabuğu en derin yaralara bile şifa verebilir. Sen kudretlisin ve ana kraliçesin, bunları art arda gelen yanlış genetik aktarımlarla kaybettin ama yeşermeye hazır tohumlar hâlâ içinde. Büyük büyük ninenin dramatik öyküsü, bilmem kaç göbek önceden atalarının intihar meyli, obsesyonu, travmaları da aktarıldı sana. Adına ister genetik miras de, ister genetik enkaz, istersen karma de; ama hayatındaki kısır döngüleri anlamlandırdığın vakit artık özüne döneceksin.

Bütün bunları bilseydin. Seni sevmiyor da ne demek? Ne demek aldanmak? Bütün bunlar hepimizin başına geldi, fakat sadece bazı alışkanlıklarını değiştirerek, aslında en basit ritüellerle hepsini tarihe gömebilirsin. İşte şimdi Kibele'yi, Lilith'i, Ceres'i, Vesta'yı, Juno'yu uyandırma zamanı. Onlar kadının Tanrı tarafının sadece hikâyeleştirilerek betimlenmiş, tarif edilmiş figürleri. Sen bundan çok daha fazlasısın.

Nerede vazgeçtin Tanrıça olmaktan ve nerde kaybettin gücünü? Seni özgürleştirdiğini sandığın birçok davranışın aslında kadın olmaktan vazgeçirdiğini, eril enerjiye büründürdüğünü, bozulmuş dedektör gibi yanlış adamlara ışık yaktığını bilseydin. Kimse sana senin sahip olduklarından fazlasını veremez, eğer bulduklarından memnun olmuyorsan, her defasında neyi umduğunu bir kere daha gözden geçirmelisin.

Yeter Ki
İstemeyi Bil

Kendini Bilmek

Bir gezegenin içine düştük, ummanlar içinde toz tanesi gibiyiz!

Biz neden bu gezegene geldik ve neden birtakım ihtiyaçlarımızı karşılamak için sürekli didinmek zorundayız? Sadece çiftleşip, yiyip, içip ölmek için olamaz elbette; çünkü bu gelişlerde ve yaradılışlarda, hatta tüm bu oluşumlarda bir kasıt var ve kasıt varsa bir yol, bir amaç ve yolun sonunda bekleyen, tüm bu zahmete değen bir armağan da olmalı! Aksini düşünmek her anı anlamsız hale getirirken bu kastı ve plan programı fark etmek her şeyi umutla dolduruyor. Hepsinden önce bilmek var! Bilmek için aramak ve bulmak, bulduğunu anlamak var. Bilmelerin en kıymetlisi olan kendini bilmek var. Yunus bu sırrı çok evvelce fark etmiş olacak ki ***"İlim ilim bilmektir, ilim kendini bilmektir. Sen kendini bilmezsin, bu nice okumaktır?"*** demiş.

Kendimizi bilmeden ne okursak okuyalım, her okuma değersizleşir. Bu gezegende mutlu olmak için önce elzem olan ihtiyaçlarımızın, yani yeme içme gibi olmazsa olmazların karşılanması, ardından daha özel olanların; sevme ve sevilme, başarı gibi kendimizi daha özel hissedeceğimiz ihtiyaçların karşılanması gerekir. Aslında zorunlu ya da lüks fark etmez, tüm ihtiyaçların karşılanmasının kolaylığı da kişinin kendini bilmesi ve olması gereken biçimde niyetlerine odaklanması ile doğru orantılıdır. Kendimizi daha iyi tanımak için egonun zırhları arasına sıkışmamış bir özgüven gerekir. Öyle tertemiz bir kendine güven duygusu olmalı ki bu, her defosunu ve her yanlışını tastamam anlayabilmeli insan.

Tüm isteklerin ulaşılabilir hale gelmesi için kişinin kendisine ait olumlu ya da olumsuz tüm özellikleri bilip, iyice anlaması gerekir. Tüm bunların dozlarını ayarlamayı, çok öfkeliyse sakinleşmeyi, çok kırılgan biriyse sağlamlaşmayı hedeflemesi gerekir. Farkındalık noktasında ilk adım insanın doğasında nefret, sevgi, merhamet, zalimlik, öfke, yumuşaklık ve buna benzer tüm duyguların mevcut olduğunu ve en yumuşak olanımızın bile içinde öfke, en sert olanımızın bile içinde yumuşaklık olduğunu idrak etmek ve bizzat kendimizde de insana özgü tüm aydınlık ve karanlığın olduğunu kabul etmektir. Sevgi gibi nefretin de, kıskançlığın ve öfkenin de, şefkat ve merhametin de insana has duygular olduğunu kabul edebilmeli. Dünyadaki tüm kötülüklerin ve iyiliklerin her birimizde farklı dozlarda mevcut olduğunu bilebilmeli. Her birimizin içinde tüm kötü duyguların yeşerebileceğini idrak etmeli. "Ben öyle biri değilim! Hayır, ben namusluyum, temizim, çalışkanım. Ben çok iyi biriyim," demek hiçbir insanı ne amacına ulaştırdı, ne de mutlu etti. Kendini hatalardan uzak görmek arzularımıza kavuşmanın önündeki en güçlü blokajlardan biridir.

"Ben insanım ve yeryüzüne indirilmiş ne kadar karakter tanımı ya da özellik varsa her birinin tohumu muhakkak benim de içimdedir. Her biri yeşermemiştir elbette; kimi kısır kalmıştır, kimi çoğalmıştır, ama evet hepsi bende mevcut," diyebilmek evrensel bir gerçekliği ve adına insan denen tür olarak kendimizi bilmektir.

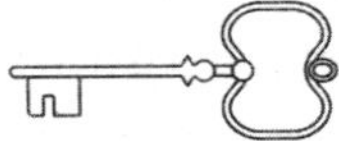

Hava, Su, Toprak, Ateş

İkinci adım insanlık bilincinden birey bilincine inmek ve kendimizde hangi özelliklerin mevcut olduğunu, az ya da fazla olduğunu fark etmektir. Bu konuda astroloji ilminin çok faydasını görmüş biri olarak element - nitelik analizi, yani yaratımın temeli olan dört ana unsuru bilmenin ne kadar faydalı olduğunu da vurgulamak isterim. Hava, su, toprak, ateş!

Dört ana unsur her birimizde nadiren düzenli ama çoğunlukla düzensiz olarak dağıtılmıştır ve her birimizin farklı konularda iyi ya da eksik hissetmesinin nedeni budur. Bu bilgiye ulaşmak konusunda zorluk yaşayanlar ise hayatlarında hangi elementin eksik olduğunu hayatlarındaki eksiklik ya da tamlık konularına bakarak bulabilirler.

Örneğin evlilik yapmak, karşı cinsle gönül bağı kurmak ve kurduğu bağı istikrarla, dengeyle devam ettirmek mutluluğuna erişen, çoluklu çocuklu biri olmaya ve bu düzeni korumaya muktedir birinin su ve toprak elementi iyi durumdadır. Bunun tersi olanlarda ise bu elementler eksiktir. Kişi güzel bir yuva kurmuş, fakat devam ettirememişse su elementi iyi durumda fakat toprak elementi yetersizdir.

Kişi aşk yaşayamıyor, tutku hissedemiyor ya da tutkuyu devam ettiremiyorsa, ilişkilerinden her şey iyi başlayıp sonra akamete uğruyorsa, yaşam enerjisi ve hayata olan hevesi azsa, cinsel sorunları varsa ateş elementi eksikliği vardır. Bunun tersi oluyorsa, flört ve aşka doymuşsa, fakat aşkta fazla tutkusu ve hatta öfke nöbetleri yüzünden ilişkilerini savaşa çeviriyorsa, kolay risk alıyor, aniden parlıyorsa, vücudu devamlı hararet yapıyorsa ateş elementi fazla demektir.

Fikirlerinde özgür, aklı ve zekâsıyla evvel, mesafeli ve nezih ve bir o kadar da seçkin biri edasıyla dolaşan, bol bol gezme, görme, eğitim ve öğrenme fırsatı olmuş, pratik çözümler üretme ve hayatın matematiğini anlama kolaylığı gösteren kimselerin hava elementi iyi durumdadır. Durum bunun tersi ise, kişi fikir ve davranışlarında, eğitim alma ve ifade, idrak konularında kısıtlanıyorsa hava elementi eksik demektir.

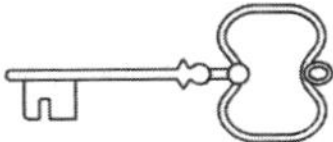

Kendine Ait Olanı Bilmek

Astroloji bilgisinin kadim aydınlatıcıları dışında bolca okumak, bolca eğitim almak, birkaç şifa tekniği öğrenmek, psikoterapiler ve aile dizimi gibi mucizevi çalışmalar da kişinin bugününü, kişisel gelişimini ve farkındalığının artmasını destekler. Kendine ait olanı bilmek, kendinde az ya da çok olanı bilmek, farkındalık ve kendini bilmek yolunda ikincil adımdır. İnsanın evrensel, genel doğasını ve akabinde bize özel olan kişilik özelliklerini iyice fark ettikten sonra, üçüncü adım dengelenmektir: Eksik olanı çoğaltmak, çok olanı azaltmak için çaba sarf etmek insana özgü ve kutsal olandır. Allah'ın insan projesinden umutlu olmasının nedeni de bu kutsal kavrayıştır.

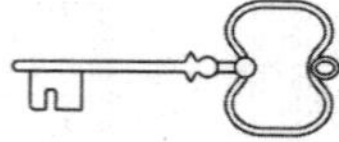

Dengelenmek

Dengelenmeyi başaran biri ne istediğini de bilir, istediğinin kendisi için uygun olup olmadığını da! Ve bingo! Kendisi için uygun olan şeyi isteyen kişi asla istediğini almadan Yaradan tarafından geri çevrilmez. Bugüne kadar gerçekleşmeyen tüm isteklerimizin arkasında kendini bilmeyen, beyninin ve belleğinin yapısını bilmeyen, kendi kişilik özelliklerini ve yönelimlerini bilmeyen ve bilinçaltı blokajlarıyla dolu birer insan oluşumuz yatıyor. Olmayan niyetlerimiz kendimizi daha da kurban gibi hissettiriyor bizlere ve bu da bizi bu güzel gezegene yollayan üst akla, yaratıcıya haksızlık oluyor. Suçu dünyaya ya da Tanrı'ya atmayı seçiyoruz, oysa ortada bir suç değil yanlış hesaplamalar var! Bizzat kendi yanlış hesaplamalarımız.

Kendinin farkında olan birey, dengelendikten sonra bulduğu şeye tekrar bakmalı! Peki nasıl dengeleneceğiz? Bunun için herkesin kişisel bir metodu olabilir. Doğru metodu uygulayabilmek için öncelikle dengemizi yitirdiğimiz zamanların farkına varabilmemiz gerekir. Aşırı öfke, aşırı sevgi, aşırı merhamet, aşırı açlık, aşırı tutku dengemizi yitirmemize neden olabilir.

Bunun gibi uyutmayan enerji, fazla uyutan yorgunluk da dengemizi yitirdiğimizin göstergesidir. Dengelenmek için nötrleşmek gerekir. Acil olarak yapılacaklar listesinin başında ise toparlanmak vardır. Bir yastığı ağzınıza kapatıp avazınız çıktığı kadar bağırmak, toprakta çıplak ayakla yürümek, ağaçlara sarılmak ya da ağaca yaslanmış vaziyette yine çıplak ayaklarımızla toprağa basmak, toprak alanlarda en az beş dakika zıplayabildiğimiz kadar zıplamak, evimizdeysek duş almak ve duşumuza limon suyu, tuz ya da elma sirkesi eklemek, çok öfkeliysek uyumaya çalışmak ve bir süre uyumak bizi nötrleştirecektir. Aşırılıklarımız bir rutin ve nöbet gibi sık sık tekrar ediyorsa topraklanma sürecine yoga, meditasyon gibi şifa tekniklerini, ayrıca yapabiliyorsak spor ve yüzmeyi dahil etmeliyiz. Kendinizi dengeledikten sonra farkındalık yükselecek, kendini tanıma süreci de pekişecek ve kendinizi sevme süreci başlayacaktır. Böylelikle daha sağlıklı ve ne istediğini bilen, isteği hakkında net olan ve o istediği şeyi muhakkak alan, alamadığı şeyler olduğu vakit akışa teslim olma erdemliliğini gösteren birey ortaya çıkar. Kendimizi sevebilmek uğruna verdiğimiz bunca çabayı hafife almayın, çünkü kendini sevmek ve kendimizle barışık olma halimiz bizi bu gezegene gönderen kudretin bize aslında bitip tükenmeyen özellikler bahşettiğini ve şükür sebebi olacak ne kadar da çok meziyete sahip olduğumuzu anlayabilme halidir.

Her gün birilerine akıttığımız ve birilerinden de beklediğimiz sevgiyi önce kendimize akıtmak tüm arzularımızı ayağımıza getirecek kadar kuvvetli bir sihirdir. Bir yerde ortalama bir insanın sevgiye muhtaç halde, üzgün ama gerçekten sevilmek istiyor olduğunu bilseniz ve bu sevginin ona hayat vereceğini de fark etseniz ona yardım etmez miydiniz? İşte o sizsiniz! Sevgiyi önce ruhunuzun derinliklerinden kendinize akıtın, çünkü ona en çok ihtiyacı olan yakınınız yine kendinizsiniz. O sevgiyi içinizden dışınıza verin ve öyle çok teşekkür edin ki size işe yarar tüm uzuvlarınızı veren büyük akla, dışınızdan da size sevgi ve minnet aksın. O zaman göreceksiniz ki istekleriniz bir bir oluyor, ayağınızın değdiği her yer yeşeriyor, bereketiniz çoğalıyor ve sizinle birlikte her yere, herkese yetişiyor.

Kendini bilmenin ardından gelen bilinçli bir kendini sevme ve yaratana şükran duygusu içinde olma hali varsa, istediğin o adam ya da kadın, evlilik, yuva, ev ve çocuk da var! Kendinizi değerli bulduğunuz vakit sistem de size değerli olduğunuzu kanıtlayacak her şeyi yollayacak.

Evrenin gizemini iyi anlamak istiyorsanız enerji, frekans ve titreşim yasalarıyla düşünün. Nikola Tesla "Evrende her şeyin bir frekansı var," der. Çok basit fen bilgisi kurallarıyla açıklayabileceğimiz türden bir durum bu. Gözle görülebilen her varlığın ölçülebilen bir titreşimi, yani frekansı var. 50 ghz-150 ghz arasında değişen bir titreşim düzeyi bu ve herkes kendi yaydığı titreşime uygun kişi ve olayları hayatına çekiyor.

Yıllarca bir arada bulunduğunuz eş, ortak, mahalle ya da evden halk tabiriyle "buz gibi soğuyorsanız" nedeni belli, frekans uyumsuzluğu. Artık aynı frekansta değilsiniz, bir şeyler değişti. İşte uzaklaşmanın matematiği ve bilimsel açılımı.

"Dua ediyorum ama kabul olmuyor, hatta ters tepiyor," diyenleri sıkça duyarsınız, hatta belki siz bile bundan yakınıyorsunuzdur. İşte nedeni çok açık, istediğiniz her neyse onunla aynı frekansta değilsiniz, hatta belki onu itecek titreşimler yayıyor bile olabilirsiniz. Peki ne yapmalıyız? Öncelikle olmayana, gidene ah vah etmeyi bırakmalıyız; çünkü birileri bizi gelmeyişi ya da sevmeyişiyle üzebiliyorsa hâlâ kendimizi yeterince sevmiyoruz ve farkındalığımız gelişmemiş demektir. İşe kendimizden, kendi enerjimizi yükselterek başlamak zorundayız, peki nasıl?

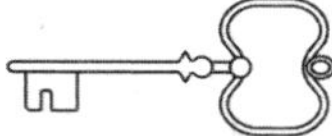

Önce Kendini Tanı

Eskiler hep söyler "Can çıkar, huy çıkmaz," diye. Demek ki insanın doğuştan sahip olduğu bazı meziyetler ve belli bir karakter yapısı var. Heraklitos der ki; "Karakter kaderdir." Ne kadar önemli bir farkındalık. Diyelim ki karakterimizde birtakım olumsuzluklar var ve bunlarla yüzleşmek istemiyoruz. İşte ilk hata böyle başlıyor. Aksine, bize kendimizi unutturan kalabalıklardan uzaklaşıp kendi içimize dönmemiz ve bize zor gelse bile kendimizle bazı yüzleşmeler yaşamamız gerekiyor. Yalnızlık insanın kendisini bulması için en önemli gereksinimlerden biridir.

Tasavvufta yıllarca çile doldurulup beklenen çilehaneleri bilirsiniz, Hindistan'da yıllarca meditasyon halinde kalan gurular vardır. İnsan kendi başınalığında, kendisiyle gerçekten tanıştığı vakit bulduğu sevinci bir kez tadınca artık başkalarından keyif almaz olur. Beden bir makine ve ruh da onda misafir olan özel bir enerjidir, ev yıkılıp gitmeden önce içinde konaklayanla gerçekten tanışmak gerekir. Yüksek benlik orada kabul görmeyi beklerken, biz etrafta bir sürü bedenle tanışırız. Sadece evlerin önünden geçen ama içeri asla misafir olmayanlar gibi az bilir ve ancak uzaktan gördüklerimizle yetinerek yanlış tahliller yaparız. Bir insanda bir sürü defo olabilir, öncelikli olan bu defoların da bir anlamı olduğunu ve düzeltilebilmesi için önce fark edilmesi gerektiğini kavrayabilmektir.

Mükemmeliyetçilik insanın kendisine ve etrafına söylediği en büyük yalan ve belki en zararlı özelliklerdendir. Gelişmek isteyen biri en mükemmeli görmeye çalışmak yerine önce ortalıkta gerçekten ne olup bittiğini kavramalı ve mevcut durumu olduğu gibi kabullenmeyi bilmelidir. Siz de bilirsiniz ki etrafta sürekli birtakım ihanetlere uğradığını, daima sırtından vurulduğunu anlatıp duran, kendisini bir biçimde iyi ve merhametli sayan insanlar vardır. Bu kadar iyi insan varsa ve hepsi bir biçimde ihanete, haksızlığa uğradılarsa onlara bunları yaşatanlar kim? Herkes masum, iyi ya da mağdur olamayacağına göre sorun insanların kendilerini gerçekten tanımıyor olmasındadır.

Kıskandığınız vakit fark edin, nelerden haz aldığınıza dikkat edin, toplum baskısıyla öğretilmiş davranışlar ve esas sizde mevcut olan yönelimlerini ancak kendi başınıza kaldığınız vakit idrak ve ayırt edebilirsiniz. Sık sık meditasyon yapın ve günlük hayatta da olaylara verdiğiniz tepkileri dikkatlice gözden geçirin. Duyguyu ve düşünceyi oluş anında yakalamaya çalışın. Önce fark edecek ve fark ettikçe değiştirip düzelteceksiniz. Olaylara verdiğiniz tepkilere bakın, gün içinde kaç kez öfke duyuyor, nelere daha çok kızıyorsunuz? Dilinize yapışıp kalan kelimeler hangileri? Ne sıklıkta yalan söylüyorsunuz ve bu sizi rahatsız ediyor mu? Kendinize sakladığınız taraflarınız neler ve bunlar size utanç veriyor mu? Evrensel ahlâk yasalarına aykırı istek ve arzularınız var mı? Dürtüsel biri misiniz? Kendinizi dizginleme ve idare etme gücünüz nedir? Yemeğe, uykuya ve alışverişe olan düşkünlüğünüz ne durumda? Genel olarak huzurlu biri misiniz? Sık sık göğsünüzde baskılar oluyor mu?

Kendinizi öncelikle bir müddet gözlem altında tutun. Kendinize yalan söylemeyi derhal kesin, çünkü bu en zararlısı, en kötüsüdür. Kendinize dürüst olun, gerçekte ne olduğunuzu fark edip bulun. Sonra her şey kendiliğinden gelişecek, farkındalığınız arttıkça değişim de arkasından gelecek. "Ben buyum, böyle biriyim, biraz öfkeli ya da bir parça özgüvensiz, oldukça cesur ya da fazla ağırkanlı; ama bu benim."

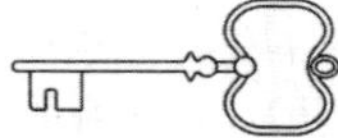

Olumlama Meditasyonu

Gün içinde, mümkünse uykudan önce, kendinize zaman ayırdığınız en az kırk dakikanız olmalı. Mumlarınızı güzelce yakın, dik bir omurga ve rahat bir oturuşla gözlerinizi kapatıp nefesinize odaklanın. Karnınızı şişirerek yavaş yavaş güçlü nefesler alıp verin ve iç dünyanıza odaklanın. Bu meditasyonlarda doğru cümleler kurarak, kendi sesinizi dinleyin, söyledikleriniz dilinizden dökülürken onları can kulağıyla da dinleyin.

"Kendimi tanımayı seçiyorum ve olduğum gibi olmayı, fazla olanları azaltmayı ve eksik olanları tamamlamayı seçiyorum. Kendimi önemsiyorum. Tüm kızgınlıklarımı, öfkemi, sevgimi ve arzularımı anlamlandırabiliyorum. Tüm neden ve sonuçlarımın farkındayım. Nasıl koktuğumu, nasıl baktığımı, tüm kıvrımlarına kadar vücudumu ve içinde yaşayan yüksek benliğimi tanımayı seçiyorum. İhtiyacım olan tek şey kendim ve kendi yüksek benliğimle tanışmak, bu tanışıklığı sevgi ve coşkuyla kabul ediyorum. Kendimi anladıkça yükseliyor ve yenileniyorum."

Bu cümlelere olumlama diyoruz. Anlamı, olumlu hale getirmek, olumlu olmasını sağlamak. Bu olumlama ve meditasyona en az 21 en çok 40 gün devam edebilirsiniz.

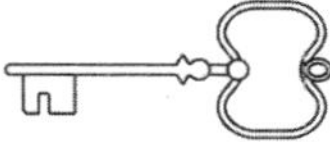

Kendinizi Yeterince Seviyor Musunuz?

Her zaman söylerim, eğer biri ya da birileri sizi çok sevsin istiyorsanız önce siz kendinizi sevmelisiniz. Kendini tanıma aşamasından sonra atacağınız en olumlu adım kendinize sevgi ve şükran duyma yoluna girmektir. Kendinizi onurlandırmalı ve sahip olduğunuz her uzuv ve özellik için şükran duymalısınız. Tüm özellikleriniz size harika gelmeyebilir. Burcunuz, doğum haritanız, genetiğiniz size haz vermeyebilir ama şunu bilmelisiniz ki siz kendine has ve özelsiniz.

Kendi özelliklerinize nefret duymadan ya da onları reddetmeden önce bu özelliklerin size neden verilmiş olabileceğine ya da yüksek âlemlerde neden böyle biri olmayı onaylamış olabileceğiniz gerçeğine odaklanın. Kendi kendinizin ellerinden tutun ve yukarı kaldırın, kendinize önce siz sarılın. Birilerine, birilerinin onayına devamlı ihtiyaç duyacak kadar zayıf olduğunuzu fark ettiyseniz önce bunu kabul edin ve sonra değişmeye niyet edin. Dışardaki başka insanlar sizin iyi hissetmenizi sizin kadar isteyemezler, sizin arzularınıza ulaşmak istemenizi sizin kadar dileyemezler; işte bu yüzden kendinize gerçekten dost ya da düşman olan sadece sizsiniz.

Kendinizi temiz tutun, daha neşeli şeyler giyin ya da aslında gerçekten nasıl iyi hissedecekseniz o hale bürünün. Kendinizi herkesten çok sevmeye söz verin. Gözyaşınızı kimsenin silmesini beklemeyin, ağlayın, silin ve sonra yine kendinize sarılın. Kimsenin varlığına ihtiyaç duymaz bir hale geldiğinizde göreceksiniz ki bir zamanlar ihtiyaç duyup uğruna acılar çektiğiniz herkes etrafınızda. Kural basit, sevilmek istiyorsanız önce siz kendinizi çok seveceksiniz. Bu bencillik değil, bencillik her şeyi kendi çıkarları doğrultusunda manipüle etmek ve tüm iyilikleri sadece kendine arzulamaktır. Kendini sevmek ise tüm özelliklerini iyice tanımak ve o özelliklerle barışık olmak, huzurlu yaşamaktır. Ne tür bir hata yapmış olursanız olun, hücreleriniz her an değişiyor, her an yenileniyorsunuz. Zaman akıp gidiyor ve yine Heraklitos'un dediği gibi "Aynı nehirde yıkanamazsın; çünkü ikinci defasında ne nehir aynı nehir ne de sen aynı sensin."

Geçmişte utanç verici şeyler yaşamış olmak da kendimizi sevmemize engel olamaz. Bizi rahatsız eden her şeyi değiştirebilir, kendimiz de değişebiliriz. Değişir, dönüşür ve yenileniriz. Tüm hayatımız boyunca en çok ihtiyacımız olan, olmazsa olmayacağımız kişi yine kendimiziz. Çünkü hayatımız bitince biz olmayacağız ve diğer insanların ya da düşünürlerinin bir anlamı da olmayacak. Burası güzel bir gezegen ve kısıtlı vaktimiz var. Bu kısıtlı vakti birileriyle uğraşarak değil, en yüksek düzeyde hayrımıza olacak biçimde yaşamak zorundayız. Bunun en kestirme yolu da önce kendimizi tanımak ve ardından kendimizle barışık olup kendimizi sevmekten geçiyor. Dünyadaki en güçlü iksir kendini sevmek ve özgüvendir. Kendiyle barışık birinin enerjisini kimse düşüremez ve yolunda başarıyla ilerlemesine hiçbir şey engel olamaz. Kendini sevme ve kendiyle barışık olma hali hayatta üzülerek boşa geçen zamana da engeldir. Zamanı en iyi biçimde değerlendiririz, çünkü sorunlarla ya da mutsuzlukla savaşmayı kesmişizdir.

Yine meditasyon halinde, en az 21 en fazla 40 gün boyunca "Kendimi tanıdım ve anladım. Kendimi sevmeyi ve kendimle barışık olmayı seçtim. Her zerrem, her hücrem için şükranla doluyum. Kendimi seviyorum, kendime güveniyorum, kendime yetebiliyorum." cümlelerini tekrarlayın.

Akışta Kalmak ve Anda Yaşamak

Mihaly Csikzentmihalyi, pozitif psikoloji alanında çalışmalar yaparken akış kuramını ortaya koydu. Akış bir işi, bir oluşu ortaya koyarken sadece o işle meşgul olmak ve içinde bulunulan durumu tümüyle an be an güçlü bir hissedişle yaşamaktır. Anı yaşamaktır. Fakat görünüyor ki insanların çoğu ya geçmişte yaşıyor ya da gelecekte. Devamlı ya kaygıyla olacakların peşindeyiz ya da olmuş olanların acısını hissediyoruz. Çünkü ilk başta sıraladığımız tüm detaylar eksik. Kendimizi tanımıyor, yeterince ve layıkıyla sevmiyoruz. Ama akışta kalmak için bir gereksinim daha var; adanmışlık ve hayat amacımızı bulmuş olmak.

Kendini herhangi bir amaca bağlamayan, herhangi bir işi mükemmel yapamayan kişi akışta da kalamaz. Bir işi mükemmel biçimde yapmak o işle ilgili tüm detayları bilmek, hâkim olmak ve onunla uğraşırken sadece onun içinde olmaktır. Bir amaca adanan insan diğerlerinden birkaç adım öne geçmiştir bile ve artık her an günün ve olayların akışına adapte oluyordur. Bir de yıllar önce olan olaylara hâlâ üzülen, kin tutan insanları bir düşünsenize, bu büyük bir amaçsızlık ve benliğiyle savaşmanın verdiği bir huzursuzluk halidir. Sıradan insanlar ancak yoğun acı ve yoğun haz hallerinde ve çok kısa süreliğine anda kalabilirler, insan üstün vasıflara sahip oldukça akışta kalma hali uzar ve huzuru daim olur.

Tüm evrenin yaratıcısı olan Allah "Faalün faal," yani daima faaliyet halindedir. Bir kez gece olup öyle kalmaz. Gece ve gündüz birbirini kovalar. Mevsimler, insanlar, nesiller daima değişir. Her an yeni çiçekler ve dallar yaratılır; insanlar doğar, ölür, yeniden doğar; ülkeler yıkılır, depremler olur; yerküre hoplar, zıplar, değişir, oturur, kalkar. Hareket hiç bitmez, akış her an devam eder. Akışta kalmak en büyük ibadettir çünkü Yaradan'ın faal haline uyumlanmaktır. Evrenin hareketli haliyle bir ve bütün olmaktır. Boş ve ümitsiz bir duruş evrenin tüm hareketlerine aykırıdır. Bir enstrüman çalarken, bir yeri temizlerken, kısaca ne iş yapıyorsanız yapın; o an Yaradan ve onun sistemiyle bir olmaya ve yaptığınız işi hissetmeye niyet edin. Böylelikle bir gün öncesi de, bir yıl öncesi de geçmişte kalacaktır. Bu da hiçbir modası geçmiş hüznün sizi üzememesi demektir.

Yine meditasyon halinde en az 21, en çok 40 gün boyunca akışta kalmak üzere olumlamalar yapın. "Yaradan ve O'nun kudretli sistemiyle bir ve bütünüm. Akan zamanla birlikte akıyorum, şimdiyim, şu anım, şimdideyim. Akışla akmaya niyet ettim ve akışla akıyorum. Zamanı en iyi şekilde değerlendiriyorum, çünkü onunla birlik içinde akıyorum. Her şey akışta yerini bulsun ve her şey akışta şifalansın."

Temizlik, Saflık, Denge

Her şeyi en güzel hale getiren yegâne gereksinim nedir, diye sorsalar denge derim. Çünkü denge kararında olmaktır. Ne çoğun çokluğunda boğar, ne az üzer. Çok olmak zorluk, az olmak hüzün getirir. İnsan kendisine doğuştan verilen mis gibi bir bebek kokusu ve meleksi bir enerjiyle dünyaya gelir. Sonra o güzel halini ya abartılarla kaosa sürükler ya da az kalarak, kendisine hiçbir güzellik katmayarak görünmeyecek kadar az hale getirir. Oysa yine esas olan dengedir.

Yeterince yıkanmalı, tertemiz kokmalı ve doğanın bize sunduğu mis gibi meyve ve çiçek kokularıyla enerjimizi yükseltmeliyiz, fakat bu temizlik hali obsesyona dönüşürse sonuç bizi ve etrafımızdaki kimseleri üzecektir. Temiz olmak yüksek enerji frekansında olmak için esastır, ancak dengeli olmak koşuluyla.

Saflık ve masumiyet de yüksek enerjide kalmak için esastır, fakat bunun da kararında olması çok önemli. Daima iyi düşünmek, niyetlerimizi temiz tutmak ve kötü zandan ayırmak gerekir, fakat bunun bize zarar verecek boyutta olmaması önemlidir. Hem çok dikkatli biri olup hem de saflık enerjisinde kalmak için masum hayvanlar ve bitkilerle, doğayla ve çocuklarla bolca vakit geçirmek gerekir. Her şeyde miktar önemlidir. Bir parça zehir bile kararında olunca şifadır, fakat, Anzer balı da olsa, fazla olan her şey öldürücü olabilir ve zehir hükmündedir.

Kısaca temizlik ve masumiyet en yüksek enerji frekansına çıkmak için iki önemli unsur olmakla birlikte denge unsurunun her birine üstünlüğü tartışılmaz. Uyku, beslenme, duygusallık, öfke, alışveriş, konuşma, susma... Hepsi ama hepsi için denge vazgeçilmezdir.

Yine meditasyon halinde en az 21, en çok 40 gün boyunca saflık, temizlik, denge unsurları için olumlamalar yapmak son derece faydalı olacaktır. "Temizim, bedenim, içim, dışım ve yediklerim temiz. İyi niyetliyim, iyi niyetler ve beklentiler içindeyim, huzurluyum. Dengedeyim kararındayım tam ve bütünüm. İçinde bulunduğum gezegeni seviyorum, bu gezegendeki tüm çiçekler, ağaçlar, hayvanlar ve çocuklarla birlik içindeyim. Saf ve temiz enerjide huzur içindeyim. Akıştayım, dengedeyim, huzurluyum. Saf çocuk gülüşleri ve sevimlilik, masumiyet ve iyi niyet sahibi olduğum için teşekkür ederim."

Affetmekle Gelen Mucize

Affetmek

Affetmek en ulvi duygulardan biridir. Bize onca kötülüğü yapan kimselere "Aferin, ne iyi yaptın," demek değildir, sadece o insanların bize sunduğu zehri her gün tazeleyip yeniden içmeye bir son vermektir. Birine duyulan öfkeyi devam ettirme ya da unutamama hali yaşananları bilinçli biçimde yaratım sürecine tekrar dâhil edip, tekrar tekrar istemektir. Size üzüntü veren herkesi ve her şeyi bir leşi omzunuzdan atar gibi atın. Hemen. Şimdi.

Geçmişi Şifalandırmaya Mecbursun

Bir bina için temel neyse insan için de çocukluğu odur. Sağlam bir temel üzerine geçen yıllar ve öğretiler kişiyi yıllar içinde aldığı sarsıntılara karşı ne kadar dayanıklı olduğu ve nasıl ayakta duracağı konusunda da gerçek anlamda etkileyecektir. Kötü bir çocukluk geçirdiyseniz, sürekli şiddet ve hakarete maruz kaldıysanız ya da kötü ebeveynler tarafından büyütüldüyseniz mutlaka zihninizde şiddet, hakaret ya da travma içeren o anları şifalandırmanız gerekir.

O anlara gidin ve derin derin nefesler alıp verdikten sonra; "Ben X, y yaşındayım ve y yaşımın her anına sonsuz kaynağın şifasını ve sevgisini akıtıyorum. O yaşta yapabileceklerimin en iyisini yaptım; sevgi dolu, başarılı ve harikaydım, bunu anlıyor ve kabul ediyorum. Şimdi ve tüm zamanlara doğru," cümlelerini kurun. Yine kendi isminizi ve hatta soy isminizi tekrar ederek "y yaşındaki sevgili X, seni seviyorum, sana teşekkür ediyorum, senden özür diliyorum, lütfen beni affet," deyin.

Eğer taciz ya da daha ağır bir olaya maruz kaldıysanız hemen yine sessiz bir ortama geçip o anlara gidin ve derin derin nefesler alıp verirken "Bana bunu yapan kişi, sen karanlık bir enerjisin, seni şu andan itibaren gökyüzündeki kara deliklere geri gönderiyorum. Ben ise ışık kaynağıyla bir ve bütünüm, ışık içimi ve dışımı yıkıyor, sızlayan her yanıma ılık güneş ışığı şifa veriyor. Işık kaynağını seçtiğim için kendime şükran duyuyorum. Sevgili y yaşındaki X, seni seviyorum, teşekkür ediyorum, senden özür diliyorum lütfen beni affet," cümleleri ile kendinizi arındırmaya çalışın.

Bu tür bir çalışmayı her olay ve yaşınızla ilgili yapabilirsiniz. Önemli olan birkaç kez ve mümkünse uykuya geçmeden yapmaktır. Kendinizi tam anlamıyla ışıkla buluşturmadan uykuya dalmamanız da önemli. Annenizi ve babanızı da affetmeli ve onlarla olan anılarınızı şifalandırmalısınız. "Annem ya da babam beni koruyamadı, çünkü onlar kendilerini de koruyamazlardı. Çünkü onlar bu kadar yapabiliyorlardı, bunu anlıyorum ve daha fazlasını öğrenme imkânı bulup onları affedebildiğim için şükrediyorum. Tüm zorlandığım koşullar beni ben yapacak ve kendi hayat amacımı anlamamı sağlayacak birer öğretiydi. Öğrendiklerim benimle, incinen her anım ise kaynağın kudretli ışığına teslim. Teşekkür ediyorum. Şimdi ve tüm zamanlara doğru."

Sadece kendi hayrımız için değil, tüm gezegenimiz, hatta tüm galaksimiz adına da günlük dua ve meditasyonları ihmal etmemeliyiz. Bu sadece evreni değil, bu cömert ve içten davranışımızdan dolayı bizi de daha kuvvetli bir şifa enerjisi ile şifalandıracaktır. Her sabah ya da akşam dua ya da meditasyon sırasında en hisli ve Yaradan'ın sonsuz kaynağına en yakın hissettiğiniz esnada şu cümleleri tekrar edebilirsiniz:

"İçinde bulunduğum galaksi ihtişam, kudret ve bereketle dolu, güneş sistemi ve tüm diğer yıldız sistemleri ahenk ve mükemmel bir matematiksel düzen içinde, güvenle görevlerini yapmaya devam ediyor. İçinde bulunduğum masmavi dünya herkese yetecek kadar bolluk, bereket ve huzurla dolu. Herkese yetecek kadar ev, herkese yetecek kadar giyecek ve yiyecek var, şükürler olsun. Herkes için iyi bir iş, herkes için başarı bu masmavi gezegende var. Çocuklar ve hayvanlar güven ve huzur içinde, herkes hem kendine, hem de gezegenimizi paylaştığı tüm canlılara derin bir saygı içinde. Seni seviyorum, teşekkür ediyorum, senden özür diliyorum, lütfen beni affet. Şimdi ve tüm zamanlara doğru."

Bu sözcükleri inanç ve derin bir saygı içinde tekrar edin. Bu cümleleri tekrar etmek, gerçekliği için umut beslemek bile göksel katlardan üzerinize ve etrafınıza sonsuz şifa ve sevginin gelişine sebeptir.

Her Kapının Anahtarı

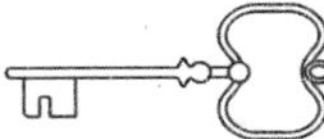

İstekler ve Blokajlar

Her birimizin bir isteği, umudu ve hayali vardır. İsteği olmayan insan neredeyse yok gibidir. Yaşamanın ve canlı olmanın en büyük kanıtlarından biridir istemek. Bazı isteklerimiz tüm uğraşlarımıza rağmen olmaz ve biz bunun için mutlaka suçlayacak birini buluruz. Yaradan'a sorarız "Neden?!" diye, kaderi, bizi bırakıp gittiğini düşündüğümüz herkesi sorgularız. Oysa bilmediğimiz bir gerçek var! Bilinçaltımız bizimle aynı fikirde değildir. Bir adam bir kadını çok isteyebilir ya da bir kadın bir adamı; eğer büyük bir aşka ve isteğe rağmen bir türlü kavuşma gerçekleşmiyorsa bilinçaltımız bizi korumak adına blokajlar oluşturur.

En Güçlü Blokaj

Annelerimiz bizim koruyucu meleklerimizdir. Bunu istisnasız her insan binlerce yıldır böyle bilir ve böyle anlatır. Onlar bize koşulsuz sevgiyi öğreten eşsiz ve fedakâr, kutsal varlıklardır. Şimdi tüm genel geçer kuralları, sözlük tariflerini, anneler için söylenip yazılmış tüm bilgileri, methiyeleri bir kenara bırakıp çok daha gizemli bir kapı aralayacağım sizler için.

Annelerimiz bizim öte âlemden, gayb âleminden, yani bilinmez bir alandan, tekâmül gezegeni dünyaya gelmemiz için seçtiğimiz gönüllü muhafızlarımızdır. Dünyaya kendileri aracılığıyla geldiğimiz annelerimizle, tüm ruhların toplandığı alanda ruhsal bir anlaşma yaparak buraya anne ve evlat olarak gelmeyi seçip kabul ettik. Evet, istisnasız bu böyle. Eğer annenizle ilgili "Ben böyle bir kadını seçmiş olamam," gibi bir düşünceniz varsa hemen söyleyeyim, evet, siz seçtiniz. Çünkü ilahi program ve tekâmül eşiğiniz bunu gerektiriyordu. Ancak seçtiğiniz anne ve yaşadığınız program, sizin tekâmül gezegeni dünyada yüksek benliğinize ulaşmanıza vesile olabilecekti. Evet, annemizi seçtik ve onun koruyucu rahminde adeta bir bekleme salonunda vaktimizi beklermişçesine beslenip büyüdük ve sonunda göbek kordonumuzun kesilmesiyle annemizden fiziki olarak ayrıldık. Fakat rahmine düşmemiz takdir edildiği günden itibaren onunla kurduğumuz bağ, göbek kordonumuzun kesilmesiyle bile sona ermedi.

Her evlat ölene dek, hatta öldükten sonra bile annesiyle gizemli bağını devam ettirir. Bilimsel olarak da anne ve evladın beyni birlikte hareket eder. Aslında beyinden ziyade "bilinçaltı". Yani biz öldükten sonra da tüm kayıtları eksiksiz tutan kara kutumuz, bilinçaltımız, daima annemizle birlikte hareket eder. Zaman zaman çok sıkı fıkı olduğumuz dostlarla ya da eşimizle de bunu yaşarız; fakat annemizle olan bilinçaltı birliği hepsinden güçlü ve ölümsüz bir bağdır. Annemizin bizim için duyduğu korku, panik, kaybetme korkusu gibi doğal endişeler de bizim bilinçaltımıza ya da bizim kendimizle ilgili yaşadığımız üzüntü, korku, mutsuzluk ve kaygılar da annemizin bilinçaltına devamlı sinyal verir ve kaydedilir. Bazılarımız annesiyle bir arada çok mutluyken, bazılarımız annesiyle bir aradayken birçok sorun yaşadığını, huzursuz olduğunu ya da aksiliklerin peşini bırakmadığını ifade eder. Bunun nedeni, bilinçaltlarımızın birbirimize sessiz ama çok güçlü olumsuz sinyaller yolluyor olmasıdır. Annenize bir sır verdiğinizde ya da bir işinizden bahsettiğinizde işleriniz bozuluyorsa, elbette nedeni annenizin kötü biri olması değildir, bu asla düşünülmemelidir. Bunun nedeni annenizin sizin işinizin devamlılığıyla, başarıp başaramayacağınızla ilgili duyduğu endişenin sinyal olarak size yansımasıdır. Neticede işler sarpa sarar. Bu konuda alabileceğiniz en iyi tedbir, önemli iş ve girişimleriniz hakkında annenizi aşırı heyecanlandırmadan ve panik duygusuna kapılmadan bilgilendirmenizdir. Onun kaygı üreteceğinden emin olduğunuz konularda serinkanlı olun ve içinizden her gün defalarca "Anneciğim seni seviyorum, güvendeyiz, huzurluyuz, seni seviyorum, Yaradan'a güveniyoruz, seni seviyorum," gibi cümleleri tekrar edin. Bunu gün içinde sık sık yapın. İkinci olarak, annenizin kaderiyle ilgili üzüntü duymayı bırakın. Eskiler der ki, "Annesinin kaderi kızına çeyiz olur," bunun en temel nedeni yine bilinçaltımıza yerleşen kalıplaşmış bir yargıdır. Annesi mutlu olmamış bir evlat için için annesinin mutsuz olduğu bir dünyada mutlu hissetmeye utanır. Sadece annemizle de değil çok sevdiğimiz eşimiz, kardeşlerimizden birinin kaybı ya da acı dolu kaderi de bize aynı duyguyu yerleştirir. Sevdiklerimizin mutlu olmadığı dünyada mutlu olmaktan hicap duyarız. Bunu çok hissetmesek de, hatta bazen bu fikri reddetsek de tam olarak olan budur. En sevdiğimiz, annemiz üzülmüşken, kardeşimiz ölmüşken bizim mutlu olmakla ilgili blokajımız zaten hazırdır. İşte tam bu noktada farkındalık çok önemli. Böyle bir durum ve kaderdaşlık yaşıyorsanız, yine her gün "Anneciğim seni seviyorum, senin kader programın Yaradan'la senin aranda, bu programın içindeki acıların şifalanmasını tüm kalbimle diliyorum ve beni senin kaderinin olumsuz taraflarına bağlı hissettiren tüm anlaşmalarımı, yargılarımı, yeminlerimi, inançlarımı, akitlerimi iptal ediyorum. Yerine saf ve kudretli güneş ışıklarını koyuyorum. Şimdi ve tüm zamanlara doğru," cümlelerini sık sık tekrar edin.

Eğer ölmüş kardeşleriniz varsa, doğup öldülerse ve hiç görmediyseniz bile onlara dua etmeyi ihmal etmeyin, mümkünse mezarlarını yaptırın, çiçekler ekin ve ziyaret edin. Annenizi kaybettiyseniz de bu geçerli. Asla ziyaret etmekten, dua etmekten, kaybettiğiniz yakınlarınız adına hayır işleri yapmaktan vazgeçmeyin. Bunu acıyla yapmayın; çünkü onlar yok olmadılar ve birer koruyucu ruh olarak sizi sizden daha iyi görüp duymaktalar. Siz de onların ardından mutluluk ve sağlıkla yaşıyor olmaktan ötürü duyduğunuz azabı bir kenara bırakın ve sizin kader yolunuzla onlarınki arasındaki plan program farkını kabul etmenin en doğru ve asil davranış olduğunu iyice kabul ve idrak edin. Anneniz sizin koruyucu meleğiniz, sizi koşulsuz seven yegâne birey ve hep de öyle kalacak; fakat onun kader yolu, yaşam planı sizinkiyle asla bir olmaz, olamaz. Eğer benzer şeyler yaşıyorsanız, fark ettiğiniz anda bu döngüyü iptal edin.

Annesiyle nefret ve küskünlük yaşayanlara da önerilerim olacak. Annenize küsmek, kendi böbreğinize, ciğerlerinize ya da gözlerinize küsmek gibidir. Eğer haklı gerekçeleriniz varsa ve annenizden uzak kalmak zorunda hissediyorsanız, bilmelisiniz ki bu en çok sizin zararınıza işleyen bir süreç. Onunla konuşamıyor ya da bilinçli biçimde görüşmüyorsanız, bilinçaltınızdan ona sitem ve nefret değil, tam aksine sık sık güzel sözler ve mesajlar gönderin. Onu sevdiğinizi, onunla kopmaz bir bütün olduğunuzu ve ne olursa olsun aranızdaki bu sorunun şifalanması gerektiğini ifade edin. Tüm kalbinizle şifa dileyin, onun adına bağış ve iyiliklerde bulunun. Onunla geliştirdiğiniz olumsuz bağın sizi aşağı çektiğini ve onda yadırgadığınız her şeyin bir biçimde sizde de var olduğunu, yoksa bile sınav ve tekâmül gereği mutlaka annenizde ötelediğiniz, kınadığınız ne varsa hepsiyle sınanacağınızı unutmayın.

Annesi bu dünyadan göçenler, her gün ama her gün istisnasız annelerine sevgi ve dualarını hediye etmeliler; ama bunu yaparken aşırı bir duygusallık yaşamak, onsuz yiyip içip mutlu oluyor olmaktan ötürü vicdan azabı hissine kapılmak da hiç olmaması gereken bir durumdur. Sevgiyle ve ilahi plana saygı içinde yaşamayı, annenizle kopmaz bağlarınızı kabul ettiğiniz gibi bazı konularda hiçbir kadersel benzerlik göstermeyeceğinizi de bilmeniz ve kabul etmeniz gerekir. Annesi hayatta olanlar, sevgisini gerek sözlü gerekse telepatik yolla yine her gün ifade etmeli. Eğer annenizle ya da en yakınınızdaki birinci derece sevdiklerinizle bir araya gelince çok olumsuz ve sıra dışı durumlar yaşıyor ve bereketinizin azaldığını ya da enerjinizin düştüğünü hissediyorsanız, diyaloglarınızın tartışmaya dönüşmesine fırsat vermeyecek şekilde, onlarla az ve öz görüşüp konuşun ve mutlaka onlardan size akan olumsuz enerjilerin iptalini talep edin. Olumsuz bağ kesme imgelemeleri de yapabilirsiniz. Sakin ve yalnız olduğunuz bir anda ve ortamda gözlerinizi kapatın, nefesinize odaklanın, annenizi ya da her kiminle sorun yaşıyorsanız o kişiyi karşınızda imgeleyin, ikinizin de birbirinize bir göbek kordonu ile bağlı olduğunuzu hayal edin. Bu kordon kirli bir kordon olsun. Sonra niyet edin, "Annemle (ya da her kimse adını söyleyerek) aramdaki tüm olumsuz enerji akışını kesip koparmaya niyet ediyorum. Aramızda sadece saf sevgi akmasına niyet ediyorum," dedikten sonra gökten bir meleğin altın bir makasla indiğini ve göbek kordonunu önce annenizden sonra sizden kesip koparıp uzay boşluğuna fırlattığını hayal edin. Sonra ikinizin de göbek deliğine sıcacık güneş ışığı dolsun bunu da imgeleyin. İkinizin de birbirinize sevgiyle baktığını ve sarıldığını da imgeledikten sonra gözlerinizi açın. Bunu 3-5 kez art arda yaparsanız mucizevi sonuçlar alacak ve hayatınızda kısmetsizlik olarak algıladığınız bir sürü blokajdan kurtulacaksınız.

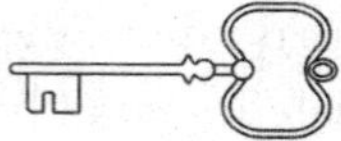

Bilinçaltı

"Evet seviyorsun, ama o sana uygun değil!" der, "Onunla olmamalısın," der. Biz uyurken bile uyumayan bilinçaltı ruhumuzla bağlantısı kaybolmayan ve ebediyen kara kutu görevi görecek bir alandır. Ruh her şeyi bilir, o tanrısal bir özdür. Bilinçaltı ise her şeyi kaydeder, bu nedenle hiçbir deneyimimiz ya da yaptığımız iyi ya da kötü hiçbir şey kaybolmaz, hepsi kayıttadır. Bize zarar verme potansiyeli olan birini hemen algılarız; kokusu, huyu, bakışı, bir şeyleri bizi iter.

Eğer ummadığımız insanlardan zarar görüyorsak nedeni içimize dönmeyi, tefekkür etmeyi ihmal ediyor olmamızdır. Olmuyor diye ağladığımız istisnasız her isteğin bilinçaltımızdan blokaj yediğini söylemek yanlış olmaz. Yurtdışında okumak istiyorum ama olmuyor; çünkü bilinçaltı "Korkuyorum, hazır değilim ya da güvenli değil," diyor. "O adamı istiyorum," deyince bilinçaltı "Ama o çok öfkeli, işleri de iyi gitmiyor," ya da "Daha iyisini bulabilirim belki," diyor. İstediğiniz işe bir türlü başlayamıyorsanız bilinçaltında tembellik etmek istiyor olabilirsiniz ya da aslında o işi başaramayacağınız korkusu gelişmiştir. O okul, o adam, o kadın, o iş olmuyorsa, istedikleriniz bir türlü size gelmiyorsa bunun tek müsebbibi sevgili bilinçaltımız. O zaman arındırmaya önce bilinçaltımızdan başlamalıyız. Peki nasıl?

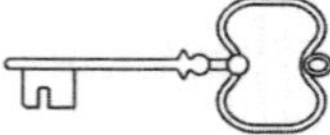

Net Olmak

Net olmak sihir gibidir. Hedefe nokta atışı yapmak ve istenilene bir av misali nişan alıp, kendini hareketsiz bırakmaktır. Net olmak tek ve şüphesiz bir yola girmektir; net olunca sıra eyleme gelmiştir, fakat hedef belirlendiği için eylemler de kolaylaşacaktır. Şimdi kararsızlar çıldırabilir, "Peki net olamıyorsak ne yapacağız?" diyebilir. İşte burada yine konu ahlak ve kişiliğe dayanıyor. Net olmama hali, yani ikilem ve kararsızlık belki de isteklerimizin önündeki birincil ve en güçlü blokajdır. Kararsızlığın nedeni ise tüm dini ve ahlaki öğretilerin men ettiği açgözlülük, daha iyisini isteme, yaş tahtaya basma korkusunu besleyen Yaradan'a ve kaderine güvensizlik, kişilik gelişiminin tamamlanmamış olması ve maymun iştahlılık gibi sebeplerdir.

Şimdi kocaman bir "Hayır!" dediğinizi duyar gibiyim. Çünkü inkâr hep en kolayıdır ve bu hayatta en çok kendisini tanımayan, olduğu gibi olmak istemeyen ve "Başkaları ne der?" diye kendisini anlamayı dahi unutan insanların başına gelir. Çok iyi, çok dürüst dediğimiz kimselerin bitmeyen talihsizliğinin altında hep başkalarını memnun etme ya da kendini başkalarına iyi görünmeye zorunlu hissetme, Yaradan ile bir ve bütün olamama hali yatar.

Kendini bilmeyen ve tüm hatalarıyla benimseyip kabullenmeyen biri, evladını hatalarından dolayı reddeden bir babadan farksızdır. Nasıl bir baba evladının kendi can parçası olduğunu inkâr edercesine onu reddedip zalimleşiyorsa, kendini tanımayan ya da tanıyıp kişilik özelliklerini reddeden ya da bastıran kişi de kendisine öyle zalimdir. Neticesinde özbenliği ile başlayan savaşı bitmeyecek ve kendisini kahredecektir. "Her türlü kötülüğü yapıyor, ama mutlu!" dediğimiz kimselerin avantajı da bunun tam tersi durumda olmalarıdır. Onların birilerine iyi gözükmek gibi bir dertleri yoktur. Kendilerini tüm negatif taraflarıyla kabul etmişlerdir ve ne istediklerini fena halde biliyorlardır. Kimseye iyi görünme dertleri olmadan, oku net bir biçimde hedeflerine atarlar. Yaradan'ın onların isteklerinin karşısında duruyor olduğunu düşünmezler bile, çünkü farkında olmasalar da, çok önemli bir evrensel prensibi çözmüşlerdir.Yaradan seçimlerini yapan herkesi imtihan gereği serbest bırakmıştır. İyi olmak gibi kötü olmak da bir seçimdir ve bu yüzden iyi niyetli olsa bile kararsızların işi rast gitmez. Onlar iyiliği sadece düşünmüş, fakat bir avcının avına ok atması gibi onu seçip kendilerine ayırma cesareti gösterememişlerdir.

Sonuç olarak isteklerimizde net olmak, onu bir av gibi kendimize ayırıp seçmek ve tıpkı ibadet eder gibi niyet etmek ilk koşuldur.

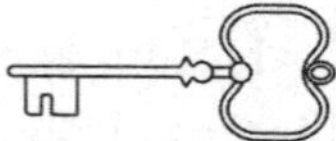

Zorunlu Hissetmek, Katlanmak

En tehlikeli blokajlardan biri de zorunlu hissetmek ve katlanmak hissidir; kendinize bir şeylere ya da birilerine rağmen devam etme yükünü yüklerseniz bilinçaltı adeta bağışıklık sistemi gibi devreye girer. Katlanmak mefhumu insana öyle ağır gelen bir yüktür ki bilinçaltı bunun uzun vadede hem duygusal, hem de fiziksel zararlarını öngörebildiği için blokajı basar. Bir hastalık, bir aksaklık, bir sorun sizi o katlanmak zorunda hissettiğiniz şeyden alıkoyar. Bir şeylere rağmen devam etmek değil, doğru şeylerle yola devam etmek esas olmalıdır. Peki ya kurtulamadığımız koşullar? Kurtulamadığımız zaman daha çok dert ederiz ve konu giderek daha da büyümeye başlar. Katlanmak zorunda olduğumuz gerçeği zihnimizi kemirdikçe içinde bulunduğumuz durum büyür ve sonunda bizi yutacak hale gelir. İşte gerçek anlamda yenilmek budur.

Bize ağır gelen ve katlanmak zorunda olduğumuz koşullar için şikâyet etmeyi bırakmak, her gün şikâyet etmeden rutin işlerimize ve görevlerimize devam etmek bizi rahatlattığı mevcut tüm koşulların dışında kalmamızı sağlayacak bir ek iş, bir hobi ya da bir rutin oluşturmak iyi gelecektir. Kafamızı sadece sorunlara ve zorunluluklara odaklamaktan bizi kurtaracak bir şeyler bulmak bizi yenik hissetmekten kurtaracaktır, çünkü bütün problemlerin temel nedeni eylemsizlik ya da doğru biçimde eyleme geçemiyor olma halidir.

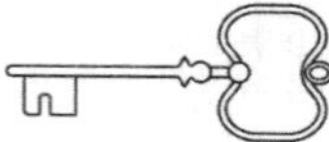

Niyet Etmek

Niyet etmek şart! Çocukluğumdan beri düşünürüm, her ibadet niyetle başlar. Namaza niyet, oruca niyet! Hatta akşama kadar aç kalsanız bile eğer bir tören modunda niyet etmemişseniz orucunuz muallakta kalır. Ne kadar önemli niyet! Akşama kadar aç da kalsanız niyet yoksa yaptığınız oruç ibadetinin kabul durumu muallakta kalıyor. Hep sorguladım, eğer Allah bizim her yaptığımızı biliyorsa neden hep şuna niyet ettim, buna niyet ettim diyerek başlıyoruz her işe? Bu sırrı kendi kendime alelade konularda niyet etmeye başlayınca da çözmüş oldum.

Konu her ne olursa olsun, bir tören edasında ve huşu içinde niyet etmek niyet ettiğinizi size yaklaştırır ve bir nevi, Yaradan'ın üstün zekâ ürünü dev sistemi, tüm paketlerin içinden adeta sizinkini size ayırır. Niyet etmek istediğiniz şeyin size ayrılmasını sağlar ve istediğiniz sizin için daha belirgin bir koruma alanına geçmiş olur. Bilinçaltı blokajlarını çözümleyip isteklerin engellenmesinin nedeninin tamamen kendimiz, yani bilinçaltımız olduğunu anladıktan sonra, blokajı tespit edip ona neden olan korkuları tartıp, ardından da net bir seçim yapmak üzere dinginleşmek gerekir. Seçim yapıldıktan, yani neyi istediğimize iyice karar verdikten sonra geriye o almak istediğimiz şey için niyet etmek kalır.

Niyet ettim kendime huzurlu bir yuva kurmaya, niyet ettim falanca işi başlatmaya, niyet ettim şu evi almaya demek ve bunu gerçekten içten bir biçimde ifade etmek istediğiniz her şeyin sizin adınıza etiketlerle ayrılması gibi sihirli ve kuvvetlidir. Bu nedenle istediğimiz her şey ama her şey için önce ne istediğimizi bilmeli, seçimimizi yapıp ardından da seçtiğimiz şey için niyet etmeliyiz. "Niyet ettim gönül dolusu olmaya ve güzel gönüllere girmeye..." Bu bilinçaltına verilen en etkili komuttur ve bilinçaltı niyet etme konusunu bir emir gibi algılar. Niyet etmek tüm blokajlar karşısında en yıkıcı dirençtir. Niyet edince arzular yola koyulur, sorunlar büyüyüp direnç gösteremez.

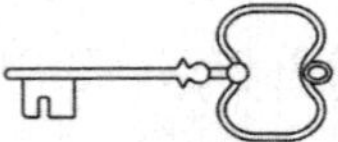

İsteme Sanatı

Bilinçaltı -me , -ma eklerini algılamaz, istemek bir sanattır.

Evet bilinçaltı kelimelerin köklerini algılar, "verme" dediğimiz zaman sadece "ver" kökünü alacaktır. Dolayısıyla dua ederken de, niyet ederken de "Allah'ım bana sıkıntı verme", derseniz "Bana sıkıntı ver," biçiminde kelimenin kökünü kaydeder ve siz olumsuz cümleler çöplüğüne yeni bir çöp atmış ve hayat yolunuzu ören kader taşlarına bir olumsuz ekleme daha yapmış olursunuz. Doğrusu "Allah'ım bana huzur ver," olacak. Aynı şekilde bilinçaltına komutlar verebilirsiniz. Özellikle uykuya geçmeden önceki saatler bu konuda çok etkilidir. Nefesinizi düzenleyip "Sevgili bilinçaltım, sen her detayı biliyorsun, sınavı kazanabilmem için gerekli şartları oluştur," şeklinde komutlar verebilirsiniz.

Bilinçaltı, kutsal kitaplarda da bahsedilen ruhun alanıdır. Bilinçaltı dediğimiz alan ezelden ebede, Âdem'den önceki Âdemlerin dahi bilgisini taşır, tüm genetik kodlarımızı ve genetik aktarımlarımızı depolamıştır, insanlık bilincini, atalarımızın bilincini ve tüm karmaların bilgisini, kişilerin ve ortamların kokularına kadar kaydetmiştir. O her şeyi depolayan bir kara kutu ve ayrıca Yaradan'ın bizim kullanımımıza verdiği her şeyi ayırt edip zemin hazırlayan bir hizmetkâr gibidir. Ne komut verilirse senaryoları ona göre düzenleyecektir. "Sevgili bilinçaltım, beni sabah saat 07.00'da uyandır," diye net komutlar verirseniz yaklaşık o saatlerde uyandığınızı göreceksiniz.

Yaradan bize acı dolu hikâyeler yazan, mütemadiyen nefes aldırmadan bizi sınayan ve kızacak yer arayan bir yaratıcı değildir. O bizi kendine bir halife olarak betimleyecek kadar donanım vermiştir her birimize. Güçlü bir akıl ve sonsuz bir ruh. Bilinçaltını kayıt tutan ve hiçbir şeyi kaybetmeyen bir çip gibi yaratan da odur. Amacı bilinmek ve bilmek, kendi hikâyemizin yönünü belirleyebilecek kadar güçlü olduğumuzu hatırlatmaktır, bize acı vermek değil. Halk arasında "Aklıma gelen başıma geldi," sözünün karşılığı budur. Olumsuz bir durumu daima anar ve imgeleyerek güçlendirirsek neticede ona yaratım olanağı tanımış oluruz. Yaradan halifesine bilinçaltı kayıtları, zihin ve imgeleme yoluyla bu yetkiyi zaten en başından vermiştir. İşte bu nedenle kullandığımız dilek, niyet, dua ve hatta basit cümlelerde bile olumsuzu anmamak yerinde olur.

Çok erken yaştan beri edindiğim bazı alışkanlıklardan bahsetmek istiyorum. Bela okuyan, beddua eden kimselerin yanından hemen ayrılırım; kalkarken esenlik, selam, selamet dilerim. Olumsuz kelimelerin gücünü dağıtmak üzere oraya bol 's' harfi barındıran esenlik, esinti, huzura ermek gibi kavramları davet ettiğimi imgelerim. Eğer zorunlu olarak olumsuz bir cümle kurduysam yine "Bu olumsuz enerji dağılsın ve dağıldı," diyerek cümlelerimin buhar gibi dağıldığını imgeler ve yine esenlik, serinlik, selamet gibi kelimeleri art arda tekrar ederim.

Peki kelimelerle iyilikler davet edilir mi? Elbette. Biz nasıl ismimizi biliyorsak, tüm varlık ve kavramlar da isimlerini bilirler. Anıp zikrettiğiniz her şeyi bulunduğunuz yere davet etmiş olursunuz. Neyi zikrederseniz o enerjiyi oraya çağırırsınız. Bu yüzden nefretle dolu, beddua eden ve devamlı kötü sözler söyleyen kimselerin hayatları büyük acılarla ya da hastalıklarla son bulur. Bu tür konuşan kimselerin yanından ayrılmak, orayı terk etmek ilk koruma kalkanını oluşturmaktır. Arkasından hemen kendi içimize dönüp olumlu enerjileri önce kelimelerle, sonra imgelemelerle davet etmek gerekir. Eğer konsantre olmakta ya da imgeleme yapmakta zorlanıyorsanız böyle durumlar için telefonunuzda deniz, güneş, kelebekler, kuşlar ve çiçekler gibi huzuru hatırlatan resimler bulundurun ve negatif enerjilerin yayıldığı ortamlarda bu resimleri adeta ziyaret eder gibi dinginlikle izleyin. İmkânınız varsa gökyüzüne ve kuşlara bakın. Uçan kuşlara bakarken güzel niyetler alın, *"Huzura, esenliğe, pür sevgi olmaya niyet ediyorum,"* gibi cümleler kurun. Bir süre sonra rahatladığınızı fark edeceksiniz.

O zaman ne yapıyoruz? İsterken, niyet ederken, dua ederken, dilerken daima olumlu kelimler kullanıyoruz. "Bana şunu/bunu verme," yerine, "Bana huzur ver, sevgi ver, bolluk ver, bereketim çoğalsın, artsın," gibi emir kipli, net ve yalın cümleler kuruyoruz. Beddua edilen, kötü anlatılar yapılan yerlerde durmuyoruz ve olumlu imgeleme moduna geçiyoruz. Arabesk moda sokan hiçbir şarkıyı dinlemiyoruz, acı dolu entrikaların ve kötü hayatların imgelendiği görsel ve filmleri izlememeye gayret ediyoruz. Eğer içinizden bir ses sizi devamlı bunlara itiyor ve acıdan besleniyorsa işiniz çok zor. Bu bir çeşit melankolidir ve hayatınızda bu olumsuzlukları bire bir deneyimlemeseniz bile mutsuz ve huzursuz bir hayat sürmenize neden olur.

Devamlı fal baktırmak, medyumlarla çok iç içe olmak da bir diğer risk. Her medyumun yanında birtakım parazit enerjiler bulunur ve bu parazitler bilinçaltınıza kaydedildiği gibi zihninize karmaşa yollar ve doğru imgeleme yapmanızı engeller. Bu tip işlerle çok ilgili olanların genel huzursuzluğu da bundandır. Hele ki işi maji-sihir noktasına getirenlerin bir müddet sonra delirip aklını kaybetmesi bundan kaynaklanır. Dinlerde günah olarak adlandırılan her şey aslında kişiye bir noktada zarar verme riski olanlardır. En basit tabirle, günah denilerek kestirip atılır. Oysa tüm bunlar insanın yaşam kalitesini bitiren ve çoğu zaman dönüşü olmayan hatalardır. Tüm dinlerde men edilen büyü ve fal gibi işler de kişilerin zihinlerine parazitlerin musallat olup frekansları bozmasına neden olur. Kişinin huzuru ve aklı giderek yok olacaktır. Kısa vadede isteklerini elde etse bile, uzun vadede korkunç bir hüsrana uğrayan yine kendisi olacaktır. Tüm bu anlattıklarım isteklerimize giden yolları temizlemek ve niyet etme, seçme ve sahip olma noktasına gelmek için mutlaka uygulamamız gereken prensiplerdir.

Çoğumuz neyi niye istediğimizi bile bilmiyoruz; doğru düzgün niyetlerimiz olması, kendimiz için uygun olanı isteyebilmemiz için dahi önce arınmamız ve seçim yapabilecek birer birey olabilmemiz gerekir. Evet, istemek bir sanattır ve önce bilmek, seçim yapmak ve seçtiğini arzu etmek, bir avcı gibi okunu isteğine şüphesizce fırlatmak gerekir. Artık gerisi ne kadar kararlı ve atak olduğumuzla ilgilidir. Amacımıza ulaşmak için şüphe etmeden çabalamaya ve heyecanlı bir isteyişe devam etmek gerekir.

Sembollerle İstemek

Kolayca istemek gerekir, isterken bir daralma hali olabilir, fakat bunu uzatmamak elzemdir. İsterken korku, öfke ya da "Bu olmazsa biterim, mahvolurum," endişesi ve hırs olmamalıdır. Tüm bu duygular isteklerin önünü kapatan karanlık tıkaçlar gibidir. Hırs yerine azim ve kararlılık deneyimlenmelidir. Huzurla ve bol bol bize isteğimizi hatırlatacak imgelemeler yaratmak, semboller kullanmak da son derece mucizevi etkiler yaratabilir.

Örneğin sevilmek ve sevmek istiyorsanız bolca kalp sembollü objeler edinin; iyi haberler, huzur ve esenlik isteyenler bolca kuş ya da kanat sembolü bulundurmalıdır etrafında, eğer güçsüz hissediyorsanız aslan, kaplan, kartal gibi güçlü hayvanlara ait sembolleri çoğaltın etrafınızda. Para ve bereket sorunu yaşayanlar için başak demetleri, keselerde buğdaylar, deve, boğa, anahtar, dünya temalı semboller, dört yapraklı yonca, yeşil ve mor renkli objeler faydalı olabilir. Araba almak isteyen biri için isteyişine ve niyetine eşlik edebilecek minik araba maskotları, ev için ev sembolleri, yuva kurmak ve çocuk isteyenler için anne-baba ve çocuk üçlüsünü imgeleyen objeler, başarı ve yükseliş için Güneş temalı semboller son derece faydalı olabilir.

Bir isteğimiz olduğu vakit bunu tüm gücümüzle yapabilmek için bilinçaltımıza da doğru sinyalleri vermek zorundayız. Etrafımızda neyi çoğaltırsak saniyede on binlerce kayıt tutan bilinçaltımıza da o çoğalttıklarımızı kodlamış oluruz. Bir şeyi isterken rahat ve kolayca istemek çok önemli ve her fırsatta bilinçaltımıza isteğimizi kaydedebilmesi için görseller, semboller, ses ya da kokular gönderelim. Yeter ki bilinçaltımız sıklıkla aynı objeleri, sembolleri ya da görselleri kaydedebilsin. İmgeleme gücü yüksek kimseler için bu biraz daha kolay olsa da zihnini toparlayamayan biri için durum görsellerle, sembollerle biraz daha desteklenebilir.

Şimdi sembol konusunu daha detaylı açmak istiyorum. Ne isterken hangi sembole ihtiyacımız olduğunu belki bu yolla daha iyi anlayabiliriz. Öncelikle kendimden örnek vermek istiyorum. Uzunca bir süredir araba almak istiyor olmama rağmen bir türlü olmuyordu. Çok saçma sebeplerden hep bir engel çıkıyordu. Aslında sebep benim derinlerdeki büyük trafik korkumdu. Korku ve isteksizlik en büyük blokajdır ve hep söylediğim gibi, istiyoruz sandığımız birçok şeyin olmamasının altında da aslında korkuyor ya da gerçekten istemiyor oluşumuz yatar. Derken üzerinde minik bir araba maskotu olan o anahtarlığı gördüm. Siyah minik ve şirin bir arabaydı. Onu iki elimin arasına aldım ve, "Sen benim güzel, siyah arabamsın, seni istiyorum. Hayalimdeki siyah araba benim olsun," gibi sözler söyledim. Daha sonra anahtarlığıma taktım ve her baktığımda aynı şeyi diledim. O maskotu her gördüğümde gözümün önünde siyah bir araba belirdi, tekrar tekrar istedim, imgeledim ve tam 22 gün sonra arabam benim oldu. Çünkü kaygı biriktirmeden ve acele etmeden istiyordum. Olmazsa kahrolmazdım, sadece istiyordum. İmgelerken ve isterken huzurlu bir biçimde istedim, bu huzur korku blokajımı da yenmiş oldu ve bingo! İstediğimi aldım. Buna benzer tonla örnek verebilirim ama anahtar şu ki, bir şeyi isterken tümüyle onun enerjisine bürünmek, aynı titreşimde olmak isteği yakınlaştırır. İstediğiniz şeyle benzeştikçe size daha çok yaklaşır ve neticede size ait olur. Aidiyet bilmek ve benimsemekle gelişir. Benimseyip kanıksadığınız her şey koşarak size gelir.

Semboller

Sayısız sembol ve işaretlerle dolu bu gezegende inançlar, yetiştiğimiz ortam, kendi genetik kodlarımız ve aldığımız eğitimlerin payı büyük. Bir objeyi, fotoğrafı, eşyayı, maskotu alırken onun sizde ve evrensel anlamda neyi çağrıştırdığına dikkat etmelisiniz. İstediğiniz şeyle özdeşleşen semboller bilinçaltınıza o isteğe ait enerjiyi çekerek güçlendirecek ve istediğinizi almanızı kolaylaştıracaktır. Yine objelerin renkleri de büyük önem arz eder.

Burada kısaca anlatacağım renk ve sembol bilgileri için yazacak çok şey var. Asıl mesele isteğini sembolize eden bir objeyi en iyi enerji verebilecek renkle birlikte seçebilme bilgisi ve başarısı kazanmaktır. İsteğimize sahip olma noktasında bir basamak daha atlamamız için sembollerin ve renklerin önemini kavramamız gerekir. Tüm bunları bilinçaltımızda ve dış dünyada çevremize istediğimiz şeyin titreşimini yayabilmek, ne istiyorsak ona bürünebilmek ve dönüşebilmek için yapmalıyız. Bir şeyi çok istiyorsanız onu yalnızca tüm kalbinizle değil, dilinizle ve halinizle de davet etmelisiniz.

Tüm semboller kültürlere, ülkelere ve ülkelerin geleneklerine göre farklılık göstermekle birlikte elbette bireysel olarak her bir sembolün bize ne anlatmak istediği çok büyük önem arz eder. Sembollerle ilgili olarak yine kendi serüvenimiz bize özeldir. Hangi rakam, işaret ve sembolün hayatımızda neleri işaret ettiğini kendimize göre ayırt edebilir hale gelmek için küçük notlar alarak ilerleyebiliriz. Hayatımızdaki eşzamanlılıklar ve o zamanlara denk gelen renkler, sayılar, işaretler ve sembollerle gelen konular önemlidir.

Üçgen: Üçgen içeren semboller son derece güçlü sembollerdir. Yukarı bakan üçgenler yeryüzünün sakinlerini, dinamizmi ve yaşamı temsil eder. Aşağı bakan üçgenler yer altına ve bizim hükmedemediğimiz tüm varlıkların bilincine işaret eder.

Bir ters ve bir düz, yani yukarı ve aşağı bakan iki üçgen sembolü (Davud'un yıldızı, Süleyman'ın mührü) dünyadaki en güçlü sembollerden biridir. Fakat yerdekilere ve yer altındakilere hükmetmeyi ifade eden bu güçlü sembol adı üzerinde Süleyman'ındır ve belli bir ulvi görevi olmayan bir kimsenin kullanması, dövme yaptırması uygun değildir. Dini gereği bu sembolü taşıyanlar bile gereken saygı ve özeni göstermekle mükelleftir. Eğer yoğun enerjilere hükmedecek gücünüz yoksa, ki evet birçoğumuzun böyle bir gücü yok, bu sembolü rastgele kullanmamanızı ve rast geldiğiniz yerde gereken saygıyı göstermenizi tavsiye ederim.

Tek üçgen sembolleri seçecekseniz, dinamizm ve kuvvet içeren ve sizi yer altına çekmeyecek olan düz üçgenleri, yani sivri ucu yukarı gelen üçgenleri tercih etmelisiniz. Özellikle altın üçgen büyük bir kudret ve ihtişam, gümüş üçgenler bilgelik ve birlik enerjisini davet eder.

Anahtar, kapı, kilit: Anahtar sembolleri en güçlü sembollerdendir. Herhangi bir anahtarı hayatınızdaki herhangi bir açmazın açıcısı olarak imgeleyip aldığınızda ve bunu devamlı dile getirip "X açmazının açılmasına niyet ediyorum, açılsın," dediğinizde zamanla her şeyin nasıl da yoluna girdiğini keyifle izleyebilirsiniz. Anahtar sembolü her dilek ve niyet için etkilidir.

Hem bereket, hem sevgi, hem de bilgelik kapılarını açar. Açık kilit de yine ferahlığı davet eder. Kapı sembolleri, resim ya da objeleri yine bereketi ve istenen her neyse onu davet etmek için kullanılabilecek çok değerli bir semboldür. Bu yüzden evinizin dış kapısını daima temiz tutmak, tuzlu su ile silmek ve karanfil kokuları ile iç-dış temizlemek size ya da ailenize isabet edebilecek tüm olumsuzlukları kovalar. Bu temizlik ve tütsü işini sık sık yaparak zamanla nasıl da ferahladığınızı göreceksiniz. Kısacası anahtar, kapı ve açık kilit her daim iyidir, fakat siyah ya da karışık renkler olmamasına dikkat etmek gerekir.

Boynuz: Boynuz nazardan ve büyüden koruyan bir semboldür. Hatta çift boynuz, bilhassa koçboynuzu, en sivri uçlu haliyle evde bulundurulursa nazar ve büyü ev halkına isabet etmez. Mümkünse tahta bir zeminde durmalıdır, boynuza temas eden bir tahta muhakkak olmalıdır.

Kalpler ve gökkuşağı: Bu tür semboller aşk, neşe, huzur ve sevgi enerjisini davet eder. Affetmeyi kolaylaştırır, kabullenemediğimiz ve bize ters gelen her şeye kabul vermemizi sağlar.

Güneş ve yıldız: Sağlık, parlamak, yönetmek, iyi bir çevre edinmek, özgüveni artırmak, kudretli olmak, sağlığa ve zenginliğe kavuşmak, depresyondan kurtulmak, kendiyle barışık olmak, dikkat çekmek ve mutluluk için kullanılabilirler. Yine günebakan çiçeği de yaşam enerjisini artırır.

Ay: Sadece doğurganlık, ilham ve hormonların düzenlenmesi için kullanılabilir. Çok fazla ay sembolü kullanmak hormonal dengeyi bozabilir. Çocuğu olmayan bir kadın ya da erkek ay taşı, ay resimleri ya da sembolleri kullanarak ve niyet ederek çocuk enerjisini davet edebilir.

Pentagram: Herkesin kullanmaması gereken, çok özel bir semboldür. Ana sırrı taşır. Dört elementi tek bir noktada eşitler ve bir arada tutar. Bu güçlü enerji kötü ellerde kötü kullanılmaya müsaittir. Gereken konsantrasyonu sağlayamayan, aşırı hassas kimseler beş köşeli yıldız sembolünü katiyen kullanmamalıdır.

Kare: Kararlığın, güvenilirliğin, bir yanıyla da sertliğin sembolüdür.

Daire: Başlanılan noktaya geri dönmeyi temsil eder. Duygusallık, uyum, yumuşaklık, doğurganlık, sınırsızlık sembolüdür.

Artı: Her anlamda pozitif bir semboldür. Faydalı olabilme ve harekete geçme gücü verir. Herhangi bir işi başlatan, verici ve tamamlayıcı insanları ifade eder.

Karışık çizgi ve rastgele şekiller: Kesinlikle kabul edilmemeli ve karmaşık desenli eşyalar evden çıkarılmalıdır.

Ters sekiz ve sonsuzluk işareti: Tamamlanma, ruhun sonsuzluğu, devamlı dinamizm, doğru hesap ve doğru muhakeme, akıl ve kalbi birlikte kullanabilme, dünyeviliği maneviyatla harmanlama, devamlılık, ait ve sahip olma konusunda denge...

Terazi: Ağır ve zorlayıcı bir semboldür. Denge ve düzeni, adaleti temsil ettiği gibi tam tersi durumlara da işaret edebilir. Bu sebepten denge için sonsuzluk, ay ve güneş bir arada, köklü ağaç sembolleri tercih edilmelidir.

Ra'nın Gözü ve Horus'un Gözü: Bu konuda çok çeşitli görüşler olsa da Horus'un Gözü tüm gizemlerin gizemi, bilgeliğin en üst makamıdır; telepati yeteneğini artıran, kalp gözünün açılması ve transa geçmeyi kolaylaştıran bir semboldür. Asalet ve saltanatı bilgelikle harmanlar. Rüyalar yoluyla mesaj almak için kullanılabilir.

Yin - Yang: Dengeyi ve hayatın dualitesini anlatan bir semboldür, fakat kullanmak her babayiğidin harcı değildir. Hassas ve belli bir olgunluğa ulaşmamış kişiler kullanmamalıdır. Kabullenme güçlüğü çeken, cinsel tercihi ile ilgili sorun ya da aşırılık içinde olanların kullanabileceği bir semboldür.

İki uçlu kılıç, zülfikar: Korkan ve güvenlik sorunu yaşayanlar için muhteşem bir tılsım ve koruyucudur.

Buda: Dinginlik, içe dönüş, derin anlayış, yetinmek, olgunlaşmakla ilişkilendirilir.

El, eller ve açık eller: Yenilik, fırsat ve bereketle ilişkilendirilir.

Kapalı eller: Planlı olmayı, yavaşlığı, gelişimi ve fırsat eksikliğini temsil eder.

Ayaklar: Şans, yenilik, güvencenin sembolüdür.

Bitkiler

Ağaç: Ağaçlar son derece kutsaldır, Yaradan'ın kutsiyetinin en önemli göstergelerinden biridir. Zaten Kuddüs isminin gereğini havayı temizleme görevi ile yerine getiren varlıklar ve sembollerdir. Kuddüs ismi Allah'ın tertemiz olma ve her şeyi temizleyen olma tarafını temsil eder. Kuddüs ismiyle evrende kendi kendini temizleyen bir döngü oluşur. Rüzgârlar kirleri sürükler, yağmurlar her şeyi yıkar, ağaçlar havayı temizler. Topraktaki bakteriler tüm atık ve leşleri ayrıştırır. Evrende her şeyi temizleyen döngünün sebebi ve yaratıcısı Kuddüs, yani temiz ve temizleyen Allah'tır. Kök salmak, bilgeleşmek ve huzuru davet etmek için ağaç yetiştirmek, ağaç şeklinde maskotlar, takılar kullanmak çok etkilidir. Ağaç sembolü aile bağlarını sağlamlaştırır, bilgeleştirir ve hayata sımsıkı bağlanmamızı sağlar. Evde bilhassa kokulu çamlar bulundurmak büyük bir huzur ve bereket davetidir.

Biber: Biber katlanmak, dayanmak, acı teması ile bağdaştırıldığı için tercih edilmez. Biri size saksıda biber ya da biber şeklinde bir nesne, takı, resim vb. bir şeyler hediye ederse asla kabul etmeyin ve kibarca ona iade edin. Aynı şekilde geleneklerinize ve kendi görgünüze göre size olumsuzlukları ve zorlukları hatırlatan dağ, kaktüs, diken, silah, bıçak vb. nesneleri de kabul etmemelisiniz.

Elma: Son derece muhteşem bir semboldür. Elma şeklinde tüm semboller siyah olmadığı sürece bolluk ve bereket getirir.

Hayvanlar

Kara kedi ve kediler: Kediler son derece şifalı ve bereketli yaratıklardır. Evde kedi beslemek şifa, şans ve bereket getirir. Bereket için kedi sembolleri kullanmak büyük zenginlik ve şans alametidir. Uzakdoğu'da kedi sembolüne bu nedenle çok önem verilir. Yine Mısır'da kedi sfenksini bilmeyen yoktur. Mısırlılar kedilerine öyle büyük önem verirlerdi ki kedileri ölünce yas tutarlardı. Medeniyette ve ihtişamda üstünlük sağlamalarına şaşmamak gerek. Kedi sembolünün, hele ki canlı bir kedi beslemenin faydaları saymakla bitmez. Eğer tertip, düzen, temizlik ve disiplin konusunda sorun yaşıyorsanız yine kedi sembollerinin ya da kedilerin dağınıklık enerjisini ve kaosa düzen getirme prensibini de temsil ettiğini bilin. Evde kedilere dair kullanılabilecek her şey şans getirir.

Kara kedi bilinenin aksine bereketi artıran ve evde şifa enerjisini büyüten bir semboldür. Sezgilerin güçlenmesi, korunmak ve kötü enerjileri kovmak için kara kedi kullanılabilir. Bilinenin aksine kötü enerji getirmez, kötü enerjiye kendini siper eder ve ev halkına erişebilecek tüm negatif enerjileri kendi üzerine alır. Olumsuz varlıkları uzaklaştırır ve telepatik bağları güçlendirir.

Köpek: Sadakat, dostluk sembolü olan köpekler hayatında sadakat ve adanmışlık konusunda eksiklik hisseden, dostlarıyla ilişkileri olumsuz ilerleyen kimselerin kullanması gereken bir semboldür. Yine titizlik hastaları köpek sembolleri, köpek şeklinde figür ya da görseller kullanabilirler. Takıntılı ve kalp ağrısı ve stres çeken kimselerin köpek beslemesi ya da köpek sembolü bulundurması tedavi edicidir. Köpek sembolleri empati yeteneğini artırır, duyarsız kimseleri daha duyarlı hale getirir. Kendine acıma ve kimsesizlik, yalnızlık hissini alır.

Kuş ve kanatlar: Huzur, onurlandırma, korunma, iyi haber, hakkın yerini bulması, iletişimin yumuşaması ve iyi hale gelmesi, güçlenmesi, ilham ve motivasyon, ev sahibi olmak, güvenilir insanları ve koşulları hayatımıza çekmek ve tabii ki özgürleşmek için kuş ve kanat sembolleri bulundurabilirsiniz.

Fil: Her kültürde bereketi anlatan fil sembolleri işyerlerinde kullanılmalıdır. Evde fil sembolü kullanmak ıstırap ve yük, aşırı duygusallık getirebilir. Ayrıca zor doğum, önemsenmemek ve aşkta zorlukları da tetikler. Alırken de "Fil yükü ile fil ağırlığınca berekete niyet ediyorum," denilebilir. Biliyorum şaşırdınız, fil harika bir hayvan, fakat duygu dünyamız açısından düşündüğümüz gibi olumlu enerji yaymıyor. Bunu öğrendiğimde evimdeki tüm filleri ortak alan olarak kullanılan bir bölüme indirmiştim.

Deve: Sağlamlık, ihtiyatlı ve tedbirli olma, mal biriktirme ve zor da olsa zenginliği elde etmeyi davet eden bir semboldür. Yolculuk, mal, alışveriş, sağlam satışlar yapmak, birikim yapmak isteyenler için harika bir semboldür.

Aslan: Kuvvet, kudret, ihtişam, mücadele ve parlamak için birebir semboldür. Zayıflık ve güçsüzlük hissinin gitmesi ve kalp hastalıklarının hafiflemesi için aslan sembolleri ile bilinçaltımıza komutlar vermek son derece etkilidir. Kuvvet ve yöneticilik getirir. Yine yönetici olmak, yönetmek isteyen kimseler bolca aslan sembolü kullanabilirler.

Kuğu, tavus kuşu ve kelebek: Zarafetin, göz kamaştırmanın ve fark edilmenin sembolleridir. Dış görünüşü hakkında kendine güvenmeyen, kilo sorunu yaşayan ya da kendini yeterince güzel bulmayan kimseler bu üç sembolü bir arada bulundurur ve güzelleşmeye niyet ederlerse muhakkak başarılı olurlar. Karşı cinste letafeti çekmek ve zarif karşılanmak için de bu üç sembol çok etkilidir. Alırken "Zarafete ve zarif, incecik, parlak ve güzel olmaya, nadide olmaya niyet ediyorum," diyebilirsiniz.

Akrep ve yılan: Sadece hastalar ve şifa bekleyenler için olumlu enerji yayar. Hastalık bitince bu semboller kaldırılmalıdır. Zorlu yaşam koşullarını ve entrikaları, tehlike ve zarar görme gibi sert enerjileri davet eder. Amigdalayı ve dürtüleri harekete geçirir, olayları konuşarak çözmeyi zorlaştırır, kendi başınalık, uzaklık ve güvensizlik getirir.

Balıklar: Balıkların her türü bereket ve bolluk getirir. Yunus balığı ayrıca iyi bir yuva kurmak, doğurganlık, ilim ve zekâ sembolüdür. Balina bolluk ve kudrettir, yüksek mevki sahiplerini hayatınıza davet eder. Balık ve kuş sembolleri muhakkak evimizde ya da takılarımızda kullanılmalıdır.

Tavşan: Şans, bereket ve müjde, doğurganlık, bahar ve sevinç göstergesidir.

Sincap: Hızlılık ve çeviklik ile ilişkilendirilir. Bu hayvan sembol olarak kullanıldığında rüyada ya da gerçekte karşımıza çıktığında hızlı haber ve gelişmelere işaret eder.

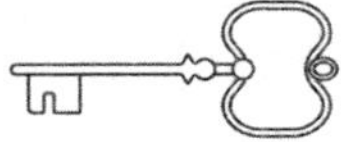

Renkler

Siyah: Gizemli, çekici, fakat bilinmezdir. Evde obje olarak kullanmak doğru değildir. Yas ve bilinmezliği de temsil ettiğinden önerilmez. Kıyafette de mutlaka canlı renklerle kombinlenmelidir. Siyah hayatımızda aralarda ve minimum olması gereken bir renktir.

Kırmızı: Seksapelite, aşk, öfke ve enerjiyi destekler. Cinsel sorunların giderilmesi için önem arz eder. Mümkünse elma, nar ve çiçek alacaksak kırmızı olması bereketi tamamlar ve şans getirir. Fazlası öfke, kriz, risk ve mücadele getirir. Evde minimum kullanılmalıdır.

Sarı: Dikkat, enerji, zekâ, canlılık ve iletişim işaretidir. Dikkatimizin canlı kalması gereken yerlerde kullanılabilir. Evde sarı başaklar kullanmak azamet ve bolluk getirir.

Turuncu: Yaşama sevinci, sindirmek ve rahatlamak, hayat enerjisi anlamlarına gelir, neşe getirir. Keyfi sık sık kaçanlar ve somurtkanlar için turuncu renkli objeler iyi netice verir.

Mavi: Cinsel sorunları olanlar az kullanmalıdır. Evimizi ve hayatımızı tüm negatif enerjilerden arındırır. Evde mavi-yeşil kuş ve balıklar iyi haber ve huzur getirir. Muhakkak mavi camlar kullanılmalı ve sular mavi bardaklardan içilmelidir. Sakinlik ve dinginlik verir. Büyüleyici ve soğuk olsa bile güvenli bir renktir.

Yeşil: Hastaları iyileştiren, huzuru ve saf sevgiyi çağıran, parayı çeken, harika bir renktir. Bolluk, bereket, yaşam, bilgelik, huzur, ruhanilik ve şifanın rengidir. Hastalar için birebirdir. Hastalarınıza bol bol yeşil giydirin ve etraflarında yeşil objeler bulundurun.

Mor: Tam anlamıyla ne istenirse onu getirme frekansı yüksek bir renktir. Para, bolluk, akıl, üstünlük, cazibe, dünya dışına ve kolektife hizmet etme kudreti getirir. Görünmeyen gücün ve cennet âleminin kutsi renklerindendir. İsteğimizi temsil eden bir sembol için mor rengi tercih etmek kişiye isteklerini elde etmeyi kolaylaştıracaktır. Depresyon tedavisi gören ve aşırı hayalperest, aldanmaya müsait kimseler bunun zıddı olan sarı rengi tercih etmeli, depresyon ve diğer hastalıklar için yeşil rengi hayatında çoğaltmalıdır.

Pembe: Pür sevgi ve mutluluk getirir. Kadınlar bolca pembe kullanmalıdır. Kadınları besler, huzur ve dengeli bir dişil enerji getirir. İyi enerjileri artırır.

Beyaz: Az ve öz kullanılmalıdır, fazla kullanımı dış dünyaya adaptasyonu ve kabul vermeyi zorlaştırır. Doğru miktarda kullanılması huzur verici ve tedavi edicidir. Beyaz çiçekler eve şans ve huzur getirir. Beyaz kıyafetler eminlik ve emniyet duygusunu artırır.

Altın: Her durumda iyi ve şifa veren bir renktir. Astrolojide altın, güneş ve kalp ile ilişkilendirilir. Hem bedensel şifanın hem ruhsal şifanın, özgüvenin ve bereketin artmasının, kalp sağlığını ve dolaşım sistemini destekleyen bir madendir. "Güneş girmeyen eve doktor girer" atasözünü unutmayalım. Altının ve güneşin iyi gelmediği hiçbir sorun yoktur. Ruhta biriken karanlığı ve bedende biriken sağlık sorunlarını tedavi etmek için güçlü bir yan destek gibi düşünebilirsiniz. Eskiden annelerimizin sol bileğinde mutlaka bir altın bilezik olurdu. Bu bir kadın için değerli hissetme, ruhsal sorunları giderme ve onurlandırılmış hissettiren bir alışkanlıktı. Günümüzde de bunu devam ettirmek özellikle kalp, aşk, bereket ve değersizlik sorunlarını çözmeye destek verecektir.

Gümüş: Bilgelik ve karakterli bir duruşun besleyicisidir, doğurganlığı artırır, fakat cinsellik üzerine azaltıcı etkisi bulunmaktadır. Belli yerlere serpiştirilirse bilgelik ve özgüveni artırıcı etkisi vardır. Gümüş astrolojide Ay ve Yengeç burcu ile ilişkilendirilir. Gümüş kıymetli madenler sıralamasında en üstlerde yer alan bir maden olarak dişil enerjiyi besler, doğurganlığı besler; inci, sedef ya da ay taşı ile birlikte kullanıldığında da doğurganlığı çok daha güçlü biçimde besleyecektir. Gümüş kullanmak negatif enerjilere karşı koruma oluşturmak açısından da etkilidir.

Rüyalardaki Semboller

Rüya

Çocukluğum doğa içinde, yaylalarda geçti. Oturduğumuz mahallede Şeyh Zala isminde bir kadın vardı. Onu en son gördüğümde 5-6 yaşlarındaydım. Beyaz saçlarına tamamen kına yaktıkları için ürkütücü gelmişti. Onunla ilgili sayısız hikâye dinledim. Rivayete göre büyük kızı birine kaçtığı için diğer dört kızına kaçıp evlenemesinler diye büyü yapmış ve kör bir kuyuya atmıştı. Hakikaten güzel olmalarına rağmen hepsi bakire olarak yaşlandılar. Bu kadın kum falı da bakan, ateşe tuz vb. maddeler atmak suretiyle fallar bakıp her şeyi bilen ve herkesi şok eden bir kadındı, namı dillere destandı. Korkunç şeyler yapmasından dolayı gencecik oğlunu kaybedeceğini de kendisi bilip söylemişti; öyle de oldu. Tüm bunlar dinlediklerimdi, ben ilkokula başladığım sene ölmüştü. Geride kalan en büyük kızı dünya iyisi biriydi. 50 küsur yaşında bakireydi ve annesine çok ah ederdi. Kalbi son derece temiz ve asla annesinin izinde gitmeyen bu kadın da geçtiğimiz yıllarda vefat etti.

2018'in son aylarıydı ki bu kadını hiç aklımda fikrimde yokken rüyamda gördüm, epeyce canlı ve renkli bir rüyaydı. Bana tane tane şunları söyledi: "Kızım evine boynuz koy, altına ya da üstüne de tahta koy, o zaman sana nazar ve büyü isabet etmez." Rüyamda ürktüğümü hissettim ve "Boynuzu nereden bulacağım?" dedim. "Bir koç ya da davar kesildiği vakit üstünden aldır, ama tahtayı da unutma, koy," dedi. Rüyada başka detaylar da vardı.

Uyandığımda hem rüya, hem de söyledikleri tuhaf ve anlamsız geldi. Kadınla hiçbir anı ve bağım yoktu. Hiç aklımda değildi, sonra söylediği şey saçma ve duyulmadık bir şeydi, neden bana bunu söylemişti ki? Bu kadar altını dolduramayıp, bilinçaltı ile de direkt olarak bağdaştıramadığım detayı düşündükten birkaç gün sonra evde boynuz bulundurmak yazıp arama motorlarında gezerken bir de ne göreyim, kapıya boynuz asmanın, bilhassa koç boynuzu asmanın nazardan koruduğuna inanılırmış, sivri uçların negatif güçlerle savaştığı ve bertaraf ettiği düşünülürmüş. Bu bilgiyi rüyamda almış olmak ve bu konuda evvelce hiçbir şey bilmediğim halde yaşanan bu denklik beni şaşırtmıştı. Bu kadın yörüktü ve şamani bir kültürden geliyordu. İşte o günden itibaren bana söylenileni yapmak üzere harekete geçtim.

Her insan rüya görür, sadece insanlar değil tüm canlılar rüya görür; fakat herkes gördüğü rüyaları hatırlamayabilir. Çok yorgun bir halde uyuduysak rüyalarımızı hatırlamayız, nedeni dinlenmemiş olmamızdır. Uykumuzu alıp dinlendiğimiz zaman gördüğümüz rüyalar, sabah veya gündüz vakti görülen rüyalar daha net ve duru rüyalardır. Güneş batarken uyumuşsak ya da gecenin tam orta yerinde karmakarışık rüyalar görmüşsek çok da dikkate almamamız gerekir.

Rüyanın en durusu sabah ve gün aydınlanmaya yakınken görülendir. Sürekli zihni dolu ve kafası karışık kimselerin de rüyası illa ki anlamlı olmayabilir. İsabetli rüya görmek de ilahi bir hediyedir ve herkes isabetli rüyalar göremeyebilir. Eğer ilginç ve isabetli rüyalar gören biriyseniz bunun için teşekkür edin ve unutmayın; ne olursa olsun, rüyalar bilinçaltında sıkışan bir sorunun habercisi de olabilir, mesaj veren mesajcı rüyalar da. İşte bu nedenle sık rüya gören kimselerin bir rüya ve sembol defteri olmalıdır. Bu deftere rüyalarınızı kısa kısa not almak ve akabinde gelişen olayları not düşmek hem farkındalığınızı artıracak, hem de fark ettiklerinizle şifalanma olanağı sağlayacaktır.

Analitik psikolojinin kurucusu ve benim için gelmiş geçmiş en önemli psikiyatr Carl Gustav Jung rüyalara karşı ilgi duyan, astroloji ve kadim Mısır ilimlerini merak eden ve araştıran bir üstattı. Jung, rüyanın kaynağının bilinçdışı olduğunu düşünüyordu ki bu doğru. Jung, rüyaları büyük rüyalar, orta rüyalar ve çocukluk dönemi rüyaları olarak üçe ayırır ve tüm rüyaları bilinç ve bilinçdışı arasında bir dengeleyici olarak görürdü. Rüya analizi için bir dizi rüyayı inceler ve müthiş analizlerini bu sayede yapardı. 79 yaşında şu sözleri söyledi: "Yıllar boyunca her yıl yaklaşık iki bin rüya analiz ettim ve bu konuda ciddi bir deneyim kazandım." Böylesine büyük bir üstat için rüyalar bu denli anlamlı olduğuna göre rüyaların insan psikolojisine ayna tuttuğunu ve şifalanma yolundaki değerini yadsıyamayız.

Kişinin içinde bulunduğu ortam, dini inançlar ve gelenekleri de hesaba katarak rüyalarının rehberliğinde bilinç ve bilinçdışı arasında bir denge yakalamamız mümkün olabilir. Buna mukabil kutsal kitaplarda da rüyalara ne denli önem verildiği gerçeğini görmekteyiz. Yusuf Peygamber'in isabetli rüya yorumları, Mısır halkını kıtlıktan kurtardığı Kur'an-ı Kerim'de anlatılır ve kendisine rüyaları yorabilme yeteneği ve rüya ilminin verildiğinden bahsedilir.

Dini kaynaklar ve arketipler gösteriyor ki her insanın parçası olduğu topluma ait bilgi, sembol ve tanıları olmakla birlikte rüya yormak bir ilim, yani insanlığın ortak bilinci.

İnsanlığın ortak bilinç havuzunda değişmez kodlar var. Bu kodlar kültürlere göre farklılık göstermeksizin benzer durumlara işaret ediyor. Bizim tüm bu bilimsel ve inanca yönelik rüya bilgilerinden faydalanabilmemiz ve bireysel şifalanma yaşayabilmemiz içinse kendi rüya rehberliğimizi elde etmemiz gerekiyor. Bunun için hakikaten en iyi yöntem de günümüzde birçok spritüel danışman ve psikoloğun tavsiye ettiği rüya günlükleri tutma metodu. Her ne kadar modern rüya yorumcuları işin içine süslü bilgiler katsa da ben Anadolu insanının, şaman ve yörüklerin, kısaca bizim toplumumuzun geleneklerine uygun, Anadolu usulü rüya yorumu yaparım ve bu yorumlar bana daima yolumu aydınlatacak mesajlar vermiştir. Kim ne derse desin, rüyada değişmeyen semboller vardır, her nesne ve sembolün anlamını bilmesem de aile büyüklerimden öğrendiğim birkaç değişmez bilgiyi sizinle paylaşacağım.

Rüya Sembolleri ve Anlamları

Öncelikle hangi koşullar altında görülen rüyaların haberci, hangilerinin karmaşık bir zihnin ürünü olduğu noktasını kavramamız gerekiyor. Dinlenmiş bir halde, sabaha karşı, sabah ve gündüz aydınlığında görülen rüyalar haberci rüyaların başında gelir. Çok net, açık ve sizi şaşırtan bilgi ve detaylarla dolu; birdenbire uyandığınız rüyalar kesinlikle çok değerlidir. Buna karşın gecenin ortasında, akşam erken saatlerde gördüğünüz karmaşık rüyaları dikkate almayın. Kâbuslar, karmaşık rüyalar, sık ve fazla cinsel içerikli rüyalar, kan, savaş ve kargacık burgacık şekillerle dolu rüyalar çoğunlukla korkularınızın ya da hormon durumunuzun yansımasıdır. Kan ve vahşet içeren rüyalar da halis rüyalar değildirler. Hiç aklımızda ya da gündemimizde yokken gördüğümüz açık, net, aydınlık semboller en mühim olanlardır ve ben içlerinde en çok dikkate alınması gereken en mühim ve başlıca sembolleri sıralamaya gayret edeceğim. Gerisi bireysel olarak kendi rehberliğimizi oluşturmaktan geçiyor.

Buğday: Bereket ve para müjdecisidir. Bunun gibi un ve undan yapılan her yiyecek bereket ve refah dolu günlerin habercisidir.

Lale: Lale gören âşık olur, muhakkak bir aşk hikâyesinin içinde bulur kendini.

Gül: Rengine göre değişir, fakat gül canlı ve diriyse her şekilde iyiye yorulur. Kırmızı gül tutku dolu aşk, pembe gül hayalperest kişilikte olunması, sarı gül ayrılık, beyaz gül temiz, iyi haberler ve mutluluktur, altın rengi gül elden ele dolaşacak şöhret ve eğlence uğruna kendini harcama potansiyeli olan kadına işaret eder, mavi gül büyük ve mutluluk dolu bir aşkın habercisidir. Diğer çiçekler de renklerine göre bu şekilde değerlendirilebilir.

Altın: Her durumda iyi ve şifa veren bir renktir. Madenler içinde en kıymetli oluşu da bundandır. Çürümez, paslanmaz, eskimez. Astrolojik açıdan Güneş, Aslan burcu ve kalp ile ilişkilendirilen altın kalp sağlığını da, genel sağlığı da destekleyicidir. Bir kadın için sol bilekte, kalbe giden damarlar üstünde altın bileklik kullanmak bereketi ve bolluğu celbeder, kadına değerlilik, sağlık ve bereket katar. Erkekler için de durum benzerdir. Altın sağlık, bereket, saltanat ve başarı celbeden bir madendir.

Elma: Bolluk, başarı, bilgiye ve sırra vakıf olmak, mutluluk habercisidir.

Üzüm ve zeytin: İkisi de elinize para geçeceğinin ve bereketli günlere giriyor olduğunuzun habercisidir.

Su: Temiz ve berraksa daima iyidir. Temiz deniz, akarsu, çeşmeden akan temiz su mutluluk, sevinç habercisidir; fakat su bulanıksa bir üzüntü geçireceksiniz demektir.

Göl: Yolların uzaması, planların beklemesi demektir. Temizse bekleyişin sonu iyidir.

Nehir: Âlim ve bilgili birine işaret eder. Temiz su daima iyidir.

Hamam: Sıkıntı demektir.

Keçe halılar, ayakkabı, bot, çizme: Eğer renkleri yeşil, beyaz ya da mavi değilse sıkıntılı günlere işaret eder.

Düğün: Çalgılı, çengili, çok şenlikli düğün iyi değildir, cenaze işaretidir. Yine kasvetli bir kalabalık görmek de iyi değildir. Sessiz sakin, aydınlık bir tören gördüyseniz bu her biçimde hayırlıdır.

Kahkaha atmak, sesli gülmek ve sesli ağlamak, bağırmak: İyi değildir, hayra yorulmaz.

Sessiz gülmek ve ağlamak: İyidir.

Diş: Diş kırılması ve çıkması iyiye yorulmaz, dişin durumuna göre yakınları temsil ettiğine inanılır.

Yılan: Son yıllarda söylendiği gibi hayra yorulmaz. Eğer yılan bembeyaz değilse yılanın her türlüsü şerdir, hele ki yılanın kendisini ısırdığını gören etrafına çok ama çok dikkat etmelidir.

Yol: Açık ve temiz yollar iyi günlere gidiyor olduğunuza, fakat sapa ve engebeli yollar hayat tarzınızı değiştirmeniz gerektiğine işaret eder.

Güneş: Ün, şan, şeref habercisidir. Hasta kimse güneş görürse iyileşir. 2012'de beyin damarım tıkanmıştı. Yarım aylık hastane serüvenimden sonra tahlillerimin sonuçlarını alacağım günün sabahı rüyamda penceremin perdelerini açtığımı ve güneşin dev bir biçimde penceremde durduğunu görmüştüm ve o sabah tahlillerim tertemiz çıkmıştı. Ölümcül bir hastalıktan nihayet kurtulmuştum.

Ay, dolunay: Kız evlat müjdeler.

Hilal: Öfkenize ve hırsınıza yenilmemeniz gerektiğine, bol bol dua etmeniz gereken yeni bir döneme girdiğinize işaret eder. Parlak ve huzur veren ay daima iyiye yorulur.

Yıldız: Yıldızlar daima iyiye yorulur, iyi ve güzel olayları müjdeler.

Ölüm, ölmek: Rüyada ölmek daima iyidir. Sağlık ve değişim habercisidir. Ölü biriyle konuşmak ise ölüden diri haber dedikleri gibi, ölünün söylediklerine göre yorumlanır.

Falcı, medyum: Gördüğünüz vakit ne dediği önemlidir, anlattıkları birtakım konu ve olayların habercisidir.

Ev: Temiz ve yeniyse daima iyiye, kirliyse kötüye yorulur.

Kılıç, bıçak: İyidir, güç ve kuvvettir. Bunlarla yaralanmak kanlıysa rüya geçersizdir, kansız gördüyseniz büyük bir iyiliğin habercisidir, sizi bu silahlarla yaralayan kişiden iyilik görürsünüz.

Sevişmek: Üst düzey, ünlü ya da mevki sahibi biriyle sevişmek büyük iyiliklerin habercisidir. Kiminle sevişiyorsanız ondan fayda gelir.

Öpüşmek: Kavuşmak, mutluluk ve üzüntünün biteceğinin habercisidir.

Silah: Bazı olayların habercisidir. Bunlar olumlu da olabilir, olumsuz da. Ama şaşıracağız demektir.

Şalvar, perde: Sırların ortaya çıkması anlamına gelir.

Elbise: Açık renkli ve temizse iyidir; kirli, yırtık, kırmızı ya da siyahsa üzüntü habercisidir.

Tren: Stres ve üzüntü demektir.

Uçak, araba: Sağlam ise muhteşem güzellik ve şansın habercisidir, değilse üzüntü işaretidir.

Kırmızı ya da siyah değilse araba da iyiye yorulur.

Lahana, marul: Yapraklı tüm sebze ve yeşil yapraklar, yeşil olan her sembol ya da nesne para, zenginlik ve hayra yorulur.

Bilezik: İlim ve sağlık demektir. İyi durumdaki bilezik sağlığın iyiliği ve ilim sahibi olma, ilmiyle ün ve meslek sahibi olma;

eğer eski ya da zarar görmüş bir bilezik ise sağlık sorunu ya da mesleki sorunlara işaret eder. Sağlam altın ve gümüş bilezik görmek başarıdır.

Küpe: Sevinç, altın küpe erkek evlat, teki kayıp ya da kırıksa hasta çocuk demektir. Hamile olan kişi böyle bir rüya görürse tetkiklerine dikkat etmeli, çocuğu olan eksik küpe görürse çocuğuyla daha çok ilgilenmelidir.

İri ve iyi huylu tüm hayvanlar: Bolluk, kazanç, zenginlik alametidir.

Köpek: Isırıyorsa düşman, ısırmıyorsa dostluk işaretidir.

Fare, akrep, yılan, karga: Sinirinizi bozan ya da düşmanlık eden birileriyle karşılaşma işaretidir.

Kuş: Güvercin, serçe, bülbül vb. gibi bilindik, güzel ve sevimli tüm kuşlar iyidir, iyi haberlerin geleceğine işarettir. Kara, çirkin sesli ve sevimsiz kuşlar sevimsiz haberlere işaret eder.

At: Murada, sevince ve iyi nasibe işarettir. At her türlü iyidir. Sadece çok yaşlı birinin beyaz bir ata binmesi ya da beyaz atın yanında durması artık bu dünyadan gitme vaktinin geldiğine işaret eder.

Aydınlık: Aydınlık ortamlar, ferah, temiz ve yeni olan her şey rüyada iyiye yorulur.

Karanlık: İzbe, karanlık, loş, huzursuz ortamlar dikkat etmemiz ve kendimizi korumamız gereken bir dönemden geçiyor olduğumuza işaret eder.

Ateş: Kudrettir, fakat yaz günü ateş pek iyiye yorulmaz, ateşi söndürmek de yine içinde bulunduğunuz ortama dikkat etmeniz gereken bir sürece işaret eder.

Saç: Saçların aşırı uzun ve karışık olması eğer normal haliniz bu değilse bir strese işaret eder. Saçları kestirmek stresin azalması, saçların tutam tutam dökülmesi üzüntüye işaret eder.

Tavşan, sincap, sevimli kemirgenler: Hızlı gelişmelere ve iyi haberlere işaret eder.

Sayısız semboller, sayısız ve eşsiz rüyalar vardır. Çok temel olarak ele alacak olursak temiz, aydınlık, ferah, yeni, beyaz, mavi, yeşil, açık renkli, mevsimine uygun görülen meyve, içinde bulunduğumuz mevsimle uyumlu her şey iyiye yorulabilir. Karanlık, solmuş, yırtık, kirli, bakınca stres yaratan şeyler, kirler, soğan, sarımsak kabukları, atıklar, çöpler stresli bir döneme ve sıkıntıya yorulabilir.

En başından beri söylediğim gibi, herkesin bireysel bir rüya farkındalığı olmalıdır ve kendi rüya rehberliğini oluşturmalıdır. Göreceli ele almamız gereken rüyalar da vardır. Örneğin kimileri için çocuk ve bebek görmek sevince işaret ederken bana hiç iyi gelmez ve her defasında böyle bir rüya gördüğümde üzülürüm. Dediğim gibi, kendi içsel farkındalığımız ve rüya rehberliğimiz bize en doğru rotayı çizecek ve mucizevi bir şifalanma serüvenine kapı aralayacaktır.

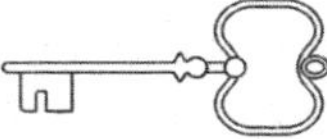

İstemenin Gücü

İstemek çok güçlü bir enerjidir. İsterken dikkatinizi tamamen istediğiniz şey üzerine yoğunlaştırıyorsanız ve tüm benliğinizle istiyorsanız o şeyin sizi bulması kaçınılmazdır. Eğer yardım istiyorsanız da bunu açıkça belirtmek zorundasınız. Neyi istediğinizi tüm spritüel çalışmalar esnasında açıkça belirtmeniz gerekir. O zaman sizden yayılan güçlü, açık ve net enerji size isteklerinizi getirmek üzere harekete geçecektir. Bunun yanı sıra bazen isteyen biz olmayız, karşımızda biri bizden yardım ya da fikir talep edebilir. O zaman da bunu öylesine gevezelik halinde değil, öncelikle fikrinizin ona şifa olmasına, yol göstermesine niyet ederek ve en uygun cümleleri israf etmeden sarf etmeniz gerekir.

Yine eğer karşınızdaki sizden yardım istemediği ya da fikirlerinizi duymak istemediği halde ona fikir beyan etmek, onu yönlendirmeye çalışmak ya da uyandırma gayreti içine girmek, ne denli iyi niyetle yapılırsa yapılsın, sadece işgüzarlıktır ve maalesef işe yaramaz. Sizden yardım talep etmeyen kimselere yanılıp bazı yardımlar vermeye çalıştıysanız ve buna karşın fayda sağlamadığını görüyorsanız geri çekilmeyi bilmeniz gerekir. Birine onun rızasını almadan her yardım etmeye kalktığınızda işlerin ters gitmesi halinde bütün yük ve sorumluluğu da üzerinize almış olursunuz. Yönlendirme yapmanın da karmik bir sorumluluğu vardır. Davetsiz müdahale etmek sorunlar geliştiği vakit ağırlaştırıcı bir sebebe dönüşür ve kendi yolunuza çamur döşemiş olursunuz. Bu kişiyle aranızın bozulması da kaçınılmaz hale gelir.

Evladına sürekli müdahale eden ve hayat yolunda aldığı kararlarda onu sürekli aşağı çeken kimselerin sonuçta evlatlarıyla görüşmez ve konuşmaz hale geldiklerini görmüşsünüzdür. Anne-baba çocuğunu ne kadar kendine ait hissetse de onun bir ruha, bir bilince ve kendine ait bir kader programına sahip olduğunu kabullenmek zorundadır. Çocukluk çağında evladına verebileceği tüm öğretileri verip, onun kendi yolunu çizmesine izin vermelidir. Birçok anne-baba bu esnekliği gösteremediği için uzun vadede evladını kaybeder. Sürekli uyardığınız, talimatlar verdiğiniz bir dosta ya da eşe de uzun vadede tahammül edemez hale gelirsiniz. Yüz göz olmanın en kolay yollarından biri devamlı yönetmeye çalışmak, talep edilmeden yardımcı olma gayreti içine girmek ya da sorulmadan fikir beyan etmektir. Kısaca biri sizden talep etmeden onun fikir ve kararlarına müdahil olmayın. Aksi halde hem kendi yolunuzu tıkar, hem de evrensel bir spritüel yasayı çiğnemiş olursunuz. Sizi anlama ve yaptığınız yardımı algılama konusunda hazır olmayan biri için boş bir çaba içine girmiş olursunuz. Havaya atılan yumruklar misali, tüm çabalarınız boşuna olur ve yorulup bir de kendi enerjisini bozan yine siz olursunuz. Etrafınızdaki insanlara annelik ya da öğretmenlik yapmayı derhal kesin, çünkü bu iyilik gibi görünse de altında çok güçlü bir eğitilmemiş narsisizm yatar.

Her zaman doğru kuralları bilen ve koyan siz olamazsınız, bunu kabul edin. İnsanların kendi deneyimlerinin sonuçlarını yaşamasının önünde engel olmayın ve tüm enerjinizi size verilen kader programı ve faydalı işler yapmak üzerine kanalize edin. Bir süre sonra sizden yansıyan iyileştirici enerji zaten etrafınızdaki kimseleri de olumlu etkileyecektir. Etrafınızda değişmesini istediğiniz şeyleri önce kendinizde değiştirmeye niyet edin. Boğulan birine o an yardım etmek zorundasınız, yakınlarını kaybeden kimselere taziyede bulunmak ve destek olmak da muhteşem bir enerjidir ve doğrudur, kendini savunamayacak kimselerin yardımcısı olmak da zorunludur; fakat bir insanın kendi istek ve arzusuyla girdiği yolları, ilişkiyi, evliliği, giyim tarzını ve kısaca seçimlerini beğenmiyorsunuz ya da bunlar canınızı sıkıyor, bunları doğru bulmuyorsunuz diye müdahale etmek, bu can sıkıntısı ve memnuniyetsizlik sizin sorununuzdur. Bunun üzerine oturup düşünün ve durumun sizi ilgilendirmiyor olduğu gerçeğiyle yüzleşin. Bu can sıkıntısı size kendinize bakmanız ve kendinizi düzeltmeniz gerektiğine dair güçlü bir işarettir.

Birisi için gerçekten endişe ediyorsanız bazen sadece konuşmadan bile onun yanında olduğunuzu hissettirin, sevginizi ona uzaktan, içinizden ve mümkünse dışınızdan da sık sık söyleyin. Kendisi hazır olduğunda mutlaka sizden yardım talep edecektir. Bunun sonucunda size düşen yine bir niyet almaktır. "Niyet ediyorum sözlerimle ve içsel bilgimle sana şifa olmaya ve doğruları ve faydalı olanı konuşmaya," deyin. Bu niyetin gücü tüm evrene sevgiyle yayılacak, sözleriniz ve temennileriniz önce size, sonra duyana ve sonra da sizden önce ve sonra tüm insanlık bilincine şifa olacaktır. Kendiniz için bir şey istediğinizde tüm kalbinizle isteyin, yardıma ihtiyacınız olduğunda da en içten biçimde yardım isteyin, ama unutmayın; bir başkası sizden istemeden ona yardım etmek yardım olmadığı gibi ayırıcı, koparıcı ve uzun vadede olumsuz etkileri hayatınıza katacak enerjiler yayacaktır. Yardım istemeye hazır olan biri ancak gelen yardımı almaya da hak kazanır. Claude Bernard "Aradığını bilmeyen, bulduğunu anlayamaz," der.

Her Şey Niyet Etmekle Başlar

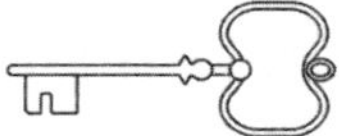

Niyetler ve Eylemler

Eylemlerle desteklenmeyen her niyet boştur. Tüm kutsal kitaplarda ve öğretilerde de kişilerin niyetleri ile değil, yaptıkları eylemlere göre değerlendirilecek ve yargılanacak olduğunun belirtilmesi de bundandır. "Hayatıma harika bir adam ya da kadın istiyorum, sevmeye ve sevilmeye niyet ediyorum," dedikten sonra bu niyete talip olduğunuzu hissettirecek davranışlar içinde olmazsanız niyetiniz havada kalacak demektir.

Her niyet kendisine uygun eylemlerle gerçekleşmek için can atar. Niyetinizin kolaylıkla gerçekleşebilecek kadar mümkün olduğuna inanıp imgeleme ve inançla pekiştirdikçe hayal ettikleriniz size daha da çok yakınlaşacaktır. Eylemle ve vazgeçmez bir irade ile pekiştirilen niyetlerin önünde hiçbir engel duramaz. Niyetler için yapılan eylemler, basit ya da karmaşık olsun, belli bir disiplin ve rutinleşmiş belli kurallar bütünü içinde gerçekleştirilmelidir. Bir adam her gün aynı amaç uğruna, günün belli saati kendisini ağaçta sallandırsa ve inancını kaybetmeden istemeye devam etse muhakkak isteğine sahip olacaktır.

Firavun ve Musa hikâyelerini neredeyse bilmeyen yoktur. Musa Peygamber Firavun ile gireceği müsabaka öncesi yatıp uyurken, Firavun kendisini sakallarından astırıp sabaha kadar kendince kazanmak için dua etmiştir. Sabah olup da yarış başlayınca yarışı Firavun kazanır ve bundan dolayı Musa Peygamber hayretler içinde kalır. "Nasıl olur Allah'ım, ben senin elçin iken nasıl oldu da yarışı Firavun kazandı?" diye sorar ve Allah cevap verir, "Ey Musa, sen nasıl olsa ben kazanacağım diyerek uyudun, oysa Firavun kendisini sakalından astırıp eziyet çeker bir halde sabaha dek bana yalvardı ve ben de onun duasını kabul ettim."

Buradan hepimize çok büyük bir hayat dersi çıkıyor. Komik ya da tuhaf olsa bile, niyetini almak için yola koyulan ve belli bir rutin içinde zahmet eden kişi muhakkak istediğini alacaktır. Bir arzusu olan kişi önce niyeti etmeli ve hem haline, hem diline kendi inancına göre dualar katmalıdır. Dua kalpten dile inerken, ibadetlerle ve belli alışkanlıklarla desteklenmelidir. Niyet etmek arzuları formüle etmektir. Arzunun formülünü önce diline, sonra hayatına dahil etmek gerçekleşmesini garanti etmek demektir.

Avare ve umutsuz biri ya da ihmalkâr ve inancını yitirmiş biri niyetine kavuşma konusunda da eksik kalacaktır. Niyet her sabah ve her akşam bir çiçeğe su verir gibi umutla beslenmeli ve inançla imgelenmelidir. Bir şeye sahip olmak için pür o şeyin enerjisine ve rengine bürünmek gerekir. Bunu yapmıyorsanız niyetiniz size bir yabancı gibi davranır; istediğiniz şeye dönüşmeden ve o istekle sımsıkı bağlar kurmadan ona sahip olamazsınız. Niyete giden yolda hiçbir aşağılama ya da hiçbir pohpohlama ile ilgilenmediğiniz, yalnızca pür niyetinizin enerjisine bürünüp sakin bir ısrarla, bir istikrar ve düzenli çalışmalar ile ilerlediğiniz vakit niyetiniz dahi önünüzde eğilmeye ve sizin olmak için can atmaya başlar. Sağlam eyerler ancak doru atlara yakışır. Sağlam niyetler ancak onu hak edecek kadar emin ve asil kimselere ram olur.

Her niyetin isteniş biçimi, duası ve ritüelleri kendi içinde farklılıklar gösterse bile farklılık göstermeyen çok önemli ana kurallar vardır. Herhangi bir niyet çalışması yapılmadan evvel dikkat edilmesi gereken çok önemli hususlar vardır. Bu hususları iyice öğrenip hayatımıza geçirmek bir süre sonra hedeflerimize daha gizli biçimde ulaşmamızı da sağlayacaktır.

Peki nedir olmazsa olmazlar?

Niyet edilen, meditasyon yapılan ya da konsantrasyon gerektiren çalışmalar yapılmadan evvel eviniz, üstünüz başınız temiz olmak zorundadır. Niyet çalışmaları ya da ritüeller sırasında evde atık, çöp ya da kötü kokulu şeyler bulunmamalıdır. Duş almak ve temiz elbiseler giymek duaları da niyet ve ritüellerini de destekler. Yani ilk kural temizlik.

Yapılan çalışma her neyse istikrarla, belli bir süre boyunca tekrar etmeyi gerektirir. Birçok inanış için 3, 5, 7, 11, 21, 40 sayıları niyetlerin gerçekleşmesi ve niyet çalışmalarının alışkanlığa dönüşebilmesi için uygun görülmüştür. Başladığınız çalışma her neyse, belirlediğiniz sayılara sadık kalarak devam etmek ve vakit gelince bitirmek önemli olacaktır. Yani, ikinci husus istikrar.

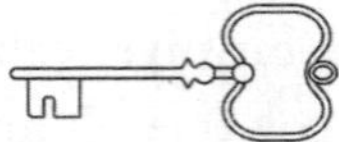

Dilek ve Niyetler İçin Özel Alanlar Yaratmak

Niyet Köşesi

Her evin belli bir köşesini ibadet ve manevi çalışmalar için ayırmak gerekir. Nasıl ki yatak odası uyku, banyo yıkanma, mutfak yemek alanı ise evimizde ya da ofisimizde ruhumuzu besleyecek ve arındıracak çalışmalar için bir oda ya da bu mümkün olmuyorsa bir köşe hazırlamalıyız. Yaşam alanımızda böyle bir köşe yaratmanın faydaları saymakla bitirilemeyecek kadar çoktur. Her şeyden önce tüm manevi ve ruhsal çalışmaların etkisini kat kat artıracağından şüpheniz olmasın.

Niyet köşemizi sirke, gül suyu, birkaç damla hakiki gül yağı, portakal yağı, melisa otu yağı ve sabun bazlı bir temizleyici ile iyice temizliyoruz. Bu temizlik işlemini üç günde bir ya da en azından haftada bir tekrar etmeliyiz ve niyet odamızı ya da niyet köşemizi daima temiz tutmalıyız. Toz ve kir olan alanda negatif enerji birikir; kötü kokular, hayvan postları ve kürkler de niyet alanımızda bulunmamalı. Niyet köşemizin bize göre sol tarafına dişil enerjiyi güçlendiren mor, yeşil ve mavi tonlarında, yuvarlak hatlı objeler, mumlar, dünya şekli olan resim ya da objeler; sağ yani erkek tarafta ise kırmızı, pembe, turuncu, sarı tonlarında üçgen, kare ve köşeli objeler, piramit ve küre şekilleri bulundurabiliriz. Niyet odamızı bolca havalandırmalıyız; fakat iki pencereyi aynı anda açmadan, sadece tek bir yerden havalandırmaya dikkat etmek zorundayız. Çünkü aşırı ve sert rüzgâra maruz kalan alanda oluşturmak istediğimiz enerjiyi güçlü tutmamız mümkün olmaz. Eğer burada ibadet edeceksek ibadet malzemelerimizi de temiz ve özenli bir biçimde yine bu alanda tutmalıyız.

Her ritüel, ibadet, meditasyon ya da ruhsal çalışma öncesi mutlaka duş almak, en azından suyla temas etmek, ardından gül içerikli yağlar ve kokular kullanmak enerjimizi yükseltir ve çalışmalarımızı besler. Niyet alanımızda gül, misk ve sandal ağacı içerikli tütsü ve kokular her zaman öncelikli olmalıdır.

Niyet Panosu

Niyet köşemizin girişinde ya da bu mümkün olamıyorsa evde en çok vakit geçirdiğimiz odada bir niyet panomuz olmalıdır. Mümkünse beyaz renkli bu panonun üzerine hayal ettiğimiz ve olmasını istediğimiz konulara dair görselleri asmalıyız. İstediğimiz evin, arabanın, düğün ve seremonilerin görsellerini, evlenmek istiyorsak kırmızı kurdeleye bağlı iki alyans, bir minyatür gelin çiçeği ya da damat papyonu, kısaca ne istiyorsak bu panoya iliştirebiliriz. Her baktığımızda tüm bu güzelliklere sahip olduğumuzu hayal ederek ve Yaradan'ın gücünün bize her istediğimizi vermeye yettiğine itimat ederek şükretmeliyiz. Bu panoya yoksunluk duygusu ya da umutsuzlukla bakmak asla doğru olmaz. Her bakışta umut, inanç ve niyetlerinizi güçlü tutarak umutla istemeye ve şükretmeye devam edin.

Niyet Çekmecesi

Niyet çekmecesi hazırlamak için isterseniz yepyeni minik çekmeceleri olan bir ev eşyası alın, isterseniz evdeki çekmecelerden birini bu iş için ayırın. Çekmeceniz yeni ya da kullanılmış olsun, fark etmez. Öncelikle mutlaka temizleyeceksiniz. Sirke, tuz, birkaç damla portakal, gül ve yasemin yağını duru suya karıştırıp çekmecenizin içini ve dışını bu suyla silerek güzelce temizleyin. Ardından bir cezveye birkaç tutam karanfil, birkaç tane hibiskus, çin gülü kurusu ilave edip kısık ateşte yakın ve dumanıyla çekmecenizin içini ve dışını bir güzel tütsüleyin. Çekmecenizin içine dolunay ışığında birer gece beklettiğiniz ametist, lâl, pembe kuvars, beyaz kuvars, inci ve ay taşınızı yerleştirin. Bu taşların hepsini bir dolunay gecesi sabaha dek dışarda, dolunay ışığında beklemeniz gerekiyor. Çekmecenizi hazırlamadan önce ya da sonra bu işlemi yapabilir ve taşlarınızı çekmecenize yerleştirebilirsiniz. Mor bir kesede bir tutam lavanta, kırmızı bir kesede bir tutam kırmızı gülkurusu, bir pembe kesede bir tutam pembe gülkurusu, beyaz bir kesede yasemin kurusu ve bir şişe muhakkak hakiki gül yağını çekmecenize yerleştirin.

Bu çekmeceyi yeniay niyetleriniz, yazdığınız niyet ve dilek yazılarını ve karşınıza çıkan ilahi işaret ve armağanları saklamak için kullanın. Çekmecenin kulp kısmına yeşil bir kurdele bağlayın ve o kurdeleyi bağlarken tüm niyetlerinizin sevgiyle ve Yaradan'ın sonsuz sevgisiyle kabul olduğuna emin olarak bağlayın. Size özel niyet çekmeceniz hazır.

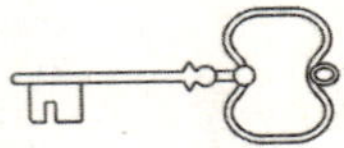

Niyetinle Konuş

Niyetle konuşmak neden önemlidir?

Her varlığın bir enerjisi olduğu gibi, niyetlerin ve dileklerin de enerjileri, tatları, kokuları, frekansları vardır. Niyetini imgeleyen, ona hayat veren ve onunla aynı frekansta titreşen kişi onu elde eder.

Öncelikle bir kâğıt kalem alın ve şu soruları tek tek yazdıktan sonra her birini fazla düşünmeden cevaplayın.

Niyetim nasıl görünüyor?
Niyetimin tadı ne?
Niyetim nasıl kokuyor?
Niyetimin ismi ne?
Niyetimin huyu nasıl?
Niyetimin cinsiyeti ne?

Niyetimin bana benzeyen özellikleri neler?

Niyetimin bana olan yakınlığı ne kadar?

Niyetimin sesi nasıl?

Niyetimin rengi ne?

Niyetimin bana benzemeyen özellikleri neler?

Bu on bir soruya içinizden ilk gelen yanıtları verin.

Örnek çalışma: Evlilik Niyeti

Niyetim nasıl görünüyor?

Cevap: Kocaman, dev bir yürek şeklinde, sağlıklı çarpan bir yürek.

Niyetimin tadı ne?

Cevap: Çilek ve ahududu tadında.

Niyetim nasıl kokuyor?

Cevap: Çilek ve böğürtlen gibi.

Niyetimin ismi ne?

Cevap: Niyetimin ismi Sevgi.

Niyetimin huyu nasıl?

Cevap: Niyetim heyecanlı, çılgın, iyi huylu, sevgi dolu.

Niyetimin cinsiyeti ne?

Cevap: Dişi.

Niyetimin bana benzeyen özellikleri neler?

Cevap: Benim gibi heyecanlı, aşk dolu, merhametli, sevecen, duygusal.

Niyetimin bana olan yakınlığı ne kadar?

Cevap: Kalbim kadar yakın.

Niyetimin sesi nasıl?

Cevap: Damlayan su sesi gibi.

Niyetimin rengi ne?

Cevap: Pembe.

Niyetimin bana benzemeyen özellikleri neler?

Cevap: Benden farklı olarak, kaygısız, özgür ve güvende hissediyor.

Tüm bu soru ve cevapları bir kâğıda yazdıktan sonra niyetimize hayat veriyoruz.

"Ey benim pembe çilek kokulu, su damlası sesli, bana kalbim kadar yakın, heyecanlı, sevgi dolu kocaman dev bir yürek şeklindeki evlilik niyetim bana yakınlaş, benden ol, benim ol, benimle bütünleş ve hemen gerçekleş," dedikten sonra ilk işimiz, onunla bütünleştirdiğimiz meyve veren bir ağaç almak. Bu ağaca niyetimizin ismini verip gözümüz gibi bakmak ve o ağaçla devamlı konuşmak. Onu neden istediğimizi ve ona sahip olursak ne kadar mutlu olacağımızı anlatıp durmak. Bu imgeleme çalışmasının karşısında sizin olmayacak bir niyet yoktur. Yeter ki yürekten inanarak ve güvenerek uygulayın.

İsteğin Benim İçin Emirdir

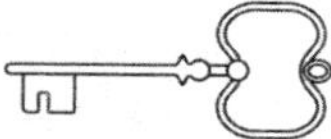

Zihnin Gücü

Son 20 yılı aşkın süreçte pozitif enerji ve pozitif düşüncenin gücünü açıklayan kişiler ve kitaplar hayatımıza yoğun biçimde nüfuz etti. Herkes olumsuz düşünce kalıplarının ve olumsuz dil kalıplarının günümüzü nasıl da mahvedebildiğini, hatta daha da ötesi, bu cümle ve düşüncelerin nasıl da kaderimize ve gerçeğimize dönüştüğünü biliyor artık.

Evet, her şey düşüncede başlar! Bugün var olan her şey Yaradan'ın düşüncesi olduğu gibi, bugün yaşıyor olduğumuz neredeyse her şey bizim umut edip ya da aksine korkup, düşünceye döktüğümüz, ardından hayatımıza yerleşen olaylardır. Platon der ki; "Tavuktan önce tavuk fikri vardı." Evet, bir yaratım gerçekleşmeden önce o sadece bir fikirdir, fikirdeki kuvvet ve istikrar onu meydana getirir. Tüm akıllar, fikirler, tüm sevgi, tüm bereket ve tüm yaratım, kısaca her şey ama her şey bunların kaynağı olan sonsuz bir akılla bağlantı halindedir.

Sonsuz bir enerji kaynağı düşünün, sonsuz bir kuvvet, kudret, ışık ve ne anlamlı geliyorsa, en çok neye ihtiyacımız varsa tam da onu içinde bulunduran bir kaynak düşünün. İşte o kaynakla bir olduğumuzu unutmazsak yaratım sürecinde daha etkin biçimde söz sahibi olmuş oluruz. Bilinçsiz yaratımdan bilinçli bir yaratım sürecine geçmek gibi düşünün. Bilinçsizce beddualar eden birinin o bedduaları edip kendisine ve etrafına bereketsizlik ve kahır enerjisi yaymak yerine, bilinçli bir biçimde, devamlı, hem de en öfkeli anında iyi dileklerde bulunduğunu bir düşünün, işte o zaman Yaradan'ın en kuvvetli tarafıyla, yani sevgi ve merhamet tarafıyla muhatap olmuş olursunuz.

Peki ya bu sonsuz kaynakla nasıl bir ve bütün olur, nasıl yaratıma bilinçli katkı yapabiliriz?

Bizi hayvanlardan ayırt eden beynimizin frontal lobunu daha çok kullanmaya başlayarak. Aksi halde bizim hayvanlardan bir farkımız yok! Yiyor, içiyor, ürüyor, dışkılıyoruz. Bizi farklı kılan ve dünyayı mahvedecek ya da yüceltecek güç kaynağımız, aklımız. Kaynaktan bize verilen en değerli üç şey; Tanrı kıvılcımı, yani ruh, akıl ve özgür irade. İşte meleklerin de bir zaman insanın yaratılmasına duyduğu korkunun sebebi buydu, Yaradan kendi enerjisinden insana da vermişti ve olabilecekler melekleri dâhi ürkütmüştü. Buna karşın Yaradan kendi planına güvendi ve insanı yarattı, insan onun en son ve en kıymetli eseri. Elbette insan içindeki kıvılcımı hiçe sayar ve hayvani boyuta merakını büyütür ise tüm hayvanlar âlemi ondan çok daha üstün ve masum olacaktır. İşte bizi mükemmel bir son eser ya da hayvansal sıralamanın altına indirgeyecek olan detaylar bunlar; akıl, ruh ve ikisinden doğan özgür irade.

Peki yaratım boyutuna nasıl yükselebilir ve sadece dürtüsel yaşamayı arzu etmekten nasıl sıyrılabiliriz?

Buraya neden geldiğimizi zaten birçoğumuz çok küçük yaşlardan itibaren sorguluyoruz! Bu sorgulamayı bilme noktasına getirmek ilk koşul. Bunun için içten dışa ve dıştan içe doğru kendinize odaklanın. Önce bedeninize bakın, tek tek inceleyin, mekanizma binbir türlü emekle dolu ve çok hayret verici biçimde tıkır tıkır işliyor. Su içiyorsunuz, yemek yiyorsunuz, sonra içinizde bir sistem o yediklerinizin içinden vitamini alıp dışarı posayı atıyor. Kıvrılabilsin diye belli yerlerde eklemler ve oynar kemikler var, gözler, burun, dişler... Tek tek giremeyeceğimiz kadar çok fazla detay var. Yani sonuçta bir kasıt ve plan üzerine tasarlanmış, harika bir eser olduğunu artık kabul etmeliyiz. Sonra içinize odaklanın. Rengi ya da kokusu olmayan, ama hissettiğiniz duygulara odaklanın; üzülünce nasıl da ağladığınızı, canınız yandığında ya da âşık olduğunuzda hissettiklerinizi gözlemleyin. Evet, siz sadece dıştan harika bir eser değil, içinizle ve dışınızla, bedeniniz ve ruhunuzla bir bütün, harika ve canlısınız.

Kendinizin bir kasıtla burada olduğunuzu idrak ettikten sonra kendinizi sevin. Hiçbir sanatçı mutsuz bir eserden hoşlanmaz. Burada durup sadece kendinize acıdığınız ya da bunca emeğe rağmen kendinizi sevmiyor olduğunuz vakit sizinle gurur duyan bir yaratıcı olmasını bekleyemezsiniz. İlahi sistem bir bütündür ve sistemde kendini aramayan ya da arayıp bulup anlamayan herkes için dersler giderek ağırlaşır. Ta ki anlayana dek, bu serüven ve testler devam eder. Hiçbir zaman anlayamayanlar ise yokluk hissi ile cezalandırılırlar, yani yok olduklarını zannetme hissiyle. Hiçbir şeyi akıl etmeyen akılları o gün geldiğinde "Yok olsam hissedemezdim bile," diyecek kadar çalışmaz.

İşte bu yüzden kendinizi sevin, çok sevin; her an şükran duygusu içinde, kendinizi tüm kusurlarınıza rağmen çok özel bir eser gibi görerek bakın, çünkü sizin kusur saydığınız her şeye muhtaç olan çok daha erdemli canlılar var evrende. Unutun kusurları, şükredin ve kendinizi sevmeye odaklanın. Kendinizi sevmiyor ve devamlı başkalarıyla kıyaslıyor olmanın ne büyük bir yoksunluk olduğunu ve bu yoksunluğun ilerde çok daha fazlasını getireceğini aklınızdan çıkarmayın. Size kusur bulan kimseyi duymayın ve görmeyin, o an kaynağa yönelin ve "Kaynakla bir ve bütünüm, kusursuz, harika ve mükemmelim, tek ve özelim, bir bütünden doğan milyonlarca tek ve özel eserden biriyim. Ben bana özgüyüm, tam ve huzurluyum, korunuyorum ve güvendeyim," deyin. Bu sözleri kendinizi her eksik hissettiğinizde ya da her eksik, kusurlu hissettirildiğinizde sıkça tekrar edin. Kendini sevmek kibir ya da üstünlük kurmak değildir, tam aksine huzur içinde, kimseyle aşık atmadan ve tam anlamıyla denge halinde var olmaktır.

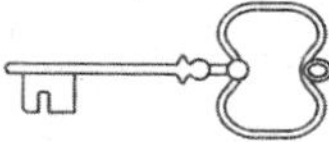

Anı Hissetmek

Evet, elimizde sadece an var. Şimdi! Şimdide yeni bir şeyler yapabiliriz ya da bir şeyleri değiştirebiliriz. Geçmişe ya da geleceğe hükmedemeyiz, fakat geçmişin izlerini ya da gelecek günlerin korkusunu bile tam da şimdi şifalandırabiliriz.

Bizim gezegenimiz de birçoğu gibi zaman kavramına tâbi. Yani akan zamana göre geçmiş ve gelecek kavramına sahibiz. Oysa göksel katlara çıkıldıkça, geçmiş ya da gelecek, yaşlanmak yoktur, haz ve olanlar devamlıdır, yani sadece an vardır. Anda kalmayı başarmak zor olsa bile, bunu bir kere öğrenirsek eğer huzur kaçınılmaz. Bu gezegende misafir olduğumuz süre boyunca anda ve getirdiklerine odaklı, dolayısıyla yüksek bir ruh edasıyla huzur içinde oluruz.

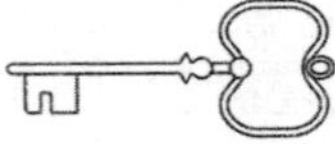

Dil ve Üslup

Bilindiğinin aksine iyi bir insan olmak devamlı sessiz, sakin biri olmaktan değil; evrensel yasaları çiğneme gayreti içinde olan karanlık enerjilere karşı asil bir biçimde lafı gediğine koymaktan geçer. Bazı ince çizgileri olması ve haksızlıklar karşısında serinkanlı ve bir o kadar da kudretli tepkiler vermesi kişinin insani kalitesinin bir gereğidir. Zulme sessiz kalmayan diller acı içindeki yüreklerin öz suyudur, buna karşın gezegenimize ve içindekilere verilen zararlara sessiz kalmak hayvani boyut bile değildir, artıya tâbi olmayan derhal zıt kutba, yani eksi kutba geçmiştir bile. Kendinize, bizzat onurunuza ya da masumların onuruna yapılan saldırılara sessiz kalmayın. Size yakışan biçimde tasvip etmediğinizi ifade edin, eğer bir sebepten olur da gerçekten susmaya mecbur iseniz içinizden devamlı şöyle tekrar edin; "Seni ve bu yaptıklarını onaylamıyorum, bu enerji yayılımını reddediyorum, buna sessiz kaldığım için kendimi affediyor, bu alan ve bu bilinçten kendimi özgürleştiriyorum. Tüm yüksek ruh ve enerjiler ve sonsuz kaynak şahit olsun ki ben bu olanların tam karşısındayım."

Sadece dil ve üslup konusunda hayvani boyuttan çıkıp kaynakla bir olmak için bu kadarı yetmez! Kendinize bir söz verecek ve uyanır uyanmaz güne sadece güzel kelimelerle başlayacaksınız. Günaydın, şükürler olsun, gibi sözler ve cümleler. Olumsuz her kelime ya da cümleye karşı olumlu üç kelime ya da cümle kurmak da zorunlu. Örneğin, "Şu kişiden nefret ediyorum," dediniz. Hemen ardından, "Annemi seviyorum, babamı seviyorum, seviyor ve seviliyorum," deyin. Bu size saçma gelebilir ama olumsuz bir cümle ya da enerjiyi etkisiz hale getirmenin en iyi ve en çabuk yolu onu ortamda bastıracak daha fazla iyi enerjili cümle yaymaktır.

Bir kötülüğü geri alamasanız bile onu etrafta minicik hale getirene kadar başka iyilikler yapın. Kimseyi bile isteye incitmeyin, mümkünse incitici sözlerle sizin benliğinizi sarsmaya çalışan kimseleri kısa, minik bir cümleyle ikaz edin ve sözlerini reddettiğinizi ifade edin, eğer buna da gücünüz yetmezse içinizden art arda, "Reddediyorum ve sahibine iade ediyorum," deyin.

Hak edin ya da etmeyin, olumsuz cümlelerin enerji bedeninizde izler bırakmasına ve hipnotik cümle kalıpları halinde zihninize sirayet etmesine müsaade etmeyin. Sadece sözler değil, düşünceler de her şeyin en başı olduğuna göre olumsuz hislere kapıldığınız an duyabileceğiniz bir sesle tam tersini en az üç kez tekrar edin. Örneğin; "Bu sınavdan kalacağım," gibi bir düşünceye kapıldınız, hemen birkaç kez art arda, "Bu sınavı kolaylıkla geçeceğim," deyin.

Uzun zamandır kendinize yapıştırdığınız ve devamlı tekrar ettiğiniz yaftalamaları da değiştirin. Örneğin, "Ben çok unutkanım," diye devamlı tekrar eden biriyseniz, "Hafızam harika, hatırlamam gereken tüm bilgileri hatırlıyorum," gibi cümleler kurmaya alışın. Kendinizin farkında olun, kendinizle ve sevdiklerinizle ilgili kurduğunuz cümlelere dikkat etmeye gayret edin. "Birine kırk kere deli dersen deli olur." Bu atasözü sözün ve düşüncenin gücünü nasıl da açıklıyor. Etrafınıza, sevdiklerinize hiçbir olumsuz kodlama yapmayın, eğer yanılıp yaparsanız hemen "İptal ediyorum," ya da "Değiştiriyorum," deyin ve olumlu kelimelerle hemen sözcüklerinizi değiştirin. Örneğin, "Kızım, ne kadar da geç anlıyorsun," dediniz çocuğunuza, hemen "İptal ediyorum," ya da "Değiştiriyorum," veya "Ne kadar da kolay anlıyorsun, giderek daha da kolaylaşacak," gibi cümleler kurun.

Seçim yapın, bir şeyi çok istediğinizde seçin. "Şu eğitimi almayı seçiyorum," ya da "Şu işte çalışmayı seçiyorum," deyin. Hemen ardından niyet edin, "Şu eğitimi almayı seçiyorum ve buna niyet ediyorum," gibi. Her birimiz üst boyutlarda ve gezegenimize göre geçmişte, göksel katlarda ise şu anda seçimlerimizi yaptık. Bize soruldu ve biz seçtik, kabul ettik. Bu boyutta hangi plan, hangi anne ya da baba bizi daha kolay tekâmül ettirecekse ya da hangi zorluklarla pişerek evrensel görevimize hazır olacaksak o aileyi, o işi, o koşulları seçerek geldik. Suç ya da ceza yok, sadece mükemmel bir şekilde yaratılan eseri parlatmak var.

Her birimizin çok önemli görevleri var elbette, kimimizin bir an içinde olup biten, kimilerimizin uzun yıllar süren. Kimin ne için burada olduğunu detayıyla bilemesek bile sistemin büyüleyici akışı içinde kalarak ve kaynakla bütün olmaya niyet ederek kendi yolumuzu bulabiliriz.

Kendinizin farkına varın, kendinizi tanıyın ve gerçekten sevin, geçmiş ve geleceği bırakıp sadece ana odaklanın, düşüncelerinizin ve sözlerinizin farkına varın ve eğer sizi aşağı çeken etkiler içeriyorsa hemen değiştirin, saf sevgi ve an içinde kalarak kaynakla bir bütün olmaya niyet edin. İşte bu farkındalık sizi diğer tüm canlılardan ayıracak ve bilinçli yaratım sürecine ilk adımları atmış olacaksınız.

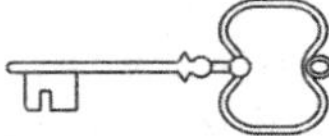

Çekim Yasası

"İsteğini kendine çek, ne istersen ya da neyi çok tekrar edersen onu kendine çekersin, onu çağırırsın," şeklinde eksik bir bilgi son yıllarda dilden dile dolanıp duruyor. "İptal ediyorum, oldu bile, olsun o halde, öyle de oldu," gibi türetme kalıplar, "Enerjisini sevmedim, enerjisini sevdim," gibi suiistimal edilen yargılar da cabası. Peki doğrusu ne? Ya da tüm bunlar yanlış mı?

Çekim yasası "Sen ne isen, hangi frekanstaysan, o sırada neyle benzeşiyorsan, özünde ne varsa ve hangi frekanstan enerji yayıyorsan onu hayatına çekersin," demektir. Benzer benzeri çeker, evet ve siz neye benziyorsanız, hayatınız, ilişkileriniz ve sözcükleriniz de ona benzer. Etrafınıza nasıl bir titreşim yayarsanız, düşünce ve sözlerinizle bu titreşimlere nasıl katkı sağlarsanız, duygu, davranış ve yaşam biçiminizle nasıl destekliyorsanız, yani siz ne iseniz hayatınıza da onu çekersiniz. Siz yürüdüğünüz yol, okuduğunuz kitaplar, günlük rutininizde yaptıklarınız, izlediğiniz filmler, dinlediğiniz müzikler, birlikte en çok zaman geçirdiğiniz insanlar, yediğiniz yemekler, giydikleriniz ve sarf ettiğiniz sözcüklerden ibaretsiniz. Sizi siz yapan tüm bunlar ne haldeyse işte siz de o haldesiniz. Huzurlu bir ilişki istiyorsanız önce kendinizle olan ilişkinizde huzuru yakalamak zorundasınız.

Sadece düşünerek niyetlerinize ulaşamazsınız, önce o düşünceyle ve isteğinizle aynı frekansa sahip olmaya, isteğinizin size gelmesi için hayatınızda ona yer açmaya gayret etmelisiniz. Bu yüzden iyi şeyler isterken önce o iyi şeylere uygun frekansa girmek zorundasınız. Gün boyu nasıl bir ruh halinde kalıyorsanız, tıpkı bu haletiruhiyeye uygun insanları ya da koşulları da hayatınıza çekeceksiniz demektir.

Bunları okuyup hemen değişmek istediğiniz zaman öncelikle daha ters ve tuhaf şeyler yaşayacaksınız, çünkü zihnimizde de hayatımızda da pozitif kuvvetle negatif kuvvet aynı ölçüde tetiklenir. Pozitife ağırlık vereyim dediğinizde negatif tarafınız da aynı kuvvette birdenbire yükselişe geçecektir. Tıpkı namaza yeni başlayanların normalde hiç düşünmedikleri cinsel içerikli fikirlerin tam da namaz esnasında akıllarına gelmesi ve onları namazdan uzaklaştırması gibi, pozitif frekansa girmeye niyet ettiğinizde peş peşe negatif olaylar silsilesi içine girebilirsiniz. Bu hep böyledir. Siz diyete başlarsınız ve o hafta hiç olmadığı kadar yemek daveti gelir ya da bir şekilde kendinizi en güzel sofraların kurulduğu ortamlarda bulursunuz. Tam sevgilinize çok iyi davranma kararı alırsınız, her şeyin mükemmel olması üzerine bir kurgu yaparsınız ve sevgiliniz tam da o gün sizi öfkeyle dolduracak bir davranışa imza atar. Tüm bu terslikler siz pozitif tarafınıza her yüklendiğinizde yaşanacaktır. Bu durumda yapmanız gereken asla pes etmemek ve tüm olanlar karşısında soğukkanlı bir biçimde seçtiğiniz pozitif eylemde kalmaya devam etmektir. Bir süre sonra pozitif kefe çok ağır basmaya ve negatif üreten tarafınız kaybolmaya başlayacak. Artık huzurlu bir ilişki, bozulmayan başarılı diyetler, yarım kalmayan egzersizler ve ruhunuzu besleyen ibadetler yapabiliyor olacaksınız. İşte çekim yasasını doğru şekilde harekete geçirmek tam olarak budur.

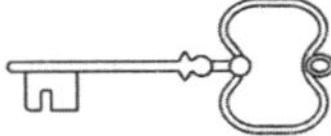

İptal Etmek

Bir diğer konu "İptal ediyorum" kalıbı. İptal etmek çok güçlü bir etki yayar, fakat ondan daha iyisi iptalin yerine alternatif koymaktır.

"İptal ediyorum ve yerine .... için niyet ediyorum," demek daha pozitif bir dönüş almamızı sağlayacaktır. Peki bunu nasıl yapabiliriz? Diyelim ki ilişkinizde yıllar boyu süren kısır döngü ve bitmek bilmeyen benzer sorunlar yaşıyorsunuz. Bunu şu şekilde iptal edebilirsiniz:

"Tüm ruhsal yolculuklarım ve tüm ilişkilerim süresince deneyimlediğim huzursuzluk, acı çekme eğilimi, aldanma-aldatma, bağımlılık, esaret, sevgisizlik kavga, mücadele, inat ve beni rahatsız eden tüm konu ve koşullarla ilgili anlaşmalarımı, sesli ve sessiz sözleşmelerimi, yeminlerimi, akitlerimi, evetlerimi, izinlerimi iptal ediyorum, iptal ediyorum, iptal ediyorum. Tüm boşlukları güneşin saf ve kudretli ışığı ile dolduruyorum. Hayatımın merkezi benim, hayatımın odağı benim, kendi krallığımın otoritesi benim. Sevgi ve huzur frekansında kalmaya niyet ediyorum. Niyetim gerçekleşmeye başladı bile, sonsuz şükran ve teşekkürle doluyum sevinç içindeyim. Şimdi ve tüm zamanlara doğru."

Bu paragrafı bu ve benzer şekillerde sizi yıpratan tüm koşullar için kullanabilirsiniz. Bunu yaparken meditasyon vaziyetinde olmak, size iyi hissettiren kokular ya da müzikler eşliğinde ve güzel bir ortam yaratmak çok daha etkili olmasını sağlayacaktır. Eğer hep hizmet ediyor, köle gibi sürekli uğraşıyor, değer görmüyorsanız "Değersizlik hissini ve köleliği kabullendiğim tüm zamanlarda kölelik ve değersizlikle ilgili evetlerimi, akitlerimi, sesli ve sessiz sözleşmelerimi, anlaşmalarımı, iptal ediyorum. Yerine değerlilik ve krallık-kraliçelik hissi koyuyorum. Hayatımın merkezindeki bana özel tahta oturmaya niyet ediyorum, hayatımın odağı ve merkezindeyim, tüm boşlukları güneşin saf ve kudretli ışığı ile dolduruyorum, şimdi ve tüm zamanlara doğru," diyerek hatta sadece, "Köle olmak ve değersiz olmakla ilgili tüm yeminlerimi ve akitlerimi iptal ediyorum, ben değerli bir kral-kraliçeyim, seviyor ve seviliyorum şimdi ve tüm zamanlara doğru," diyerek sık sık gün içinde de tekrarlar yapabilirsiniz.

Burada kral ve kraliçe kelimeleri size fazla gelebilir, fakat unutmamamız gereken detay herkesin özel, kendi hayatının odağı, merkezi ve kendi krallığının efendisi olduğudur. Uzun süre kendi merkezinden ayrılan biri hayatının bir hediye olduğunu, kendine verilen kader planı ve koşulların ortasında otoritenin ve söz hakkının kendisine ait olduğunu ve bir kral-kraliçe edasıyla, lider bir ruhla hayatına sahip çıkması gerektiğini kendisine yeniden hatırlamalıdır. Her insan kendi hayatının merkezidir, özel ve değerlidir. İşte bu nedenle insanlar için "Enerjisini sevdim ya da sevmedim," gibi yargılarda bulunmak da doğru değildir. Sizin böyle bir yargıda bulunmanız onun yüksek benliğine hak etmediği bir övgü ya da hak etmediği bir yergi mesajı olarak iletilecektir. Karşınızdakinin enerjisini güçlü bir biçimde pozitif ya da negatif olarak hissetseniz bile bunu dile getirdiğiniz vakit bu bir yargıya dönüşür ve her yargı size bir sorumluluk ve bu sorumluluk dahilinde bir adisyon getirir. Eğer yargınız yanlışsa size doğrusunu öğretecek bir öğretiyi talep etmiş olursunuz. Negatif diye yaftaladığınız biri eğer negatif değilse onunla onun pozitif biri olduğunu öğretecek bir maceranın içine girebilirsiniz ve hayat sizi utandırabilir. Bazen farkında olmadan başka insanlarla da ödeştirir hayat sizi. Bir başkası da sizin için benzer önermeler yapacaktır, hem de hiç hak etmediğiniz zamanlarda. Ya da iyi enerjide olduğuna emin olduğunuz biri gerçekten bu enerjide değilse bu yargınızla size güvenen diğer insanları da hataya düşürebilirsiniz. Hayat yine size yanlış izlenimde olduğunuzu bir biçimde gösterip öğretecektir. Bazı derslerin ve öğretilerin neticelerini omuzlamak çok zor olabilir, bu nedenle güçlü yargılar hissetseniz bile bunları dile getirmenin bir sorumluluk olduğunu ve bir öğretiyi peşinden sürüklediğini unutmayın.

Evrensel Değişmez Yasalar

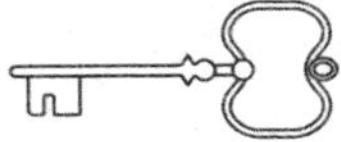

"Gökte Ne Varsa Yerde De O Vardır"

Biz astrologların sıkı sıkıya bağlı olduğu bir inançtır bu. Bilinenin ve düşünülenin aksine, gezegenler bize bir şey yapıyor değiller, onlar göstergeler. Bir nevi kader örgüsünü gösteren, yansıtan materyaller.

Her şeyi belli bir örüntü ile ve mükemmel bir matematiksel sistem içinde yapan kudret tek elden çıkışın göstergesidir. Evren tek olanın parçalara ayrılıp kudretini belli bir sisteme oturtması ile devam eder. Faaliyet asla bitmez, her daim devinim devam eder. Yukarda ne okuyorsak, yerde de o belirir.

Peki yeryüzü de gökyüzünü etkiler mi? Elbette. Çünkü insanoğlunun bencilliği arttıkça göklerden de merhamet değil, gazap enerjileri inecektir. İnsan yaratılışından beklenen merhameti ve iyiliği yeryüzünde yansıtmadıkça göklerden onun üzerine bereket inmesini de bekleyemeyiz. Yani yukarda ne varsa aşağıda o var, çünkü yukarda kaderin işleyişine işaretler var ve tıpkı bunun gibi yerde ne hüküm sürerse göklerden de ona benzeyen, ona layık olan iner.

Doğum anında bize tesir eden her açı bir ruhsal anlaşmanın ürünüdür. Kişinin yüksek bilinci, yani ruhu nasıl tekâmül edecekse program da ona göre verilir. Hiçbir aile haritası yoktur ki birbirinin devamı olmasın. Bir baba ve kızın haritalarından onların baba kız olduklarını anlarsınız. Bir kadının en önemli günlerinden biri aynı zamanda onun evladını doğurduğu gün, yani evladının doğum günü, doğum haritasıdır. Doğum esnasında tüm aileyi, kişiyi çepeçevre kuşatan her şeyi bire bir inceleyebilirsiniz. Bu değişmez bir spritüel yasadır.

Doğan her şeyin, olup biten her olayın kader planı anda saklıdır. İnsanın enerjisi göklerden akar, planı göklerden iner, çünkü o yeryüzünde bu planı seçerek belirmiştir. Herkesin işi, yolu ve kaderi de kendisine benzer. Kişinin karşısına çıkan kendi iç yansımalarından başka bir şey değildir.

Astroloji ya da numeroloji gibi ilimler kişinin kendisini tanıyıp potansiyellerini görmesi için vardır. Kişi ne kadar çabuk kendini tanır, benimser ve olduğu gibi kabullenme aşamasına geçerse işleri de o denli kolay açılır ve yoluna girer. Kendiyle barışık olan, kendini benimseyen insan kader programına isyan etmeyi bırakır. Kendisine sunulan koşulların ona ne anlatmak istediğine ve neden burada olduğuna odaklanır.

Bu gezegende herkesin ve her şeyin bir görevi vardır. İnsan tüm yeteneklerini ve kimliğini fark edince hayattaki görevi de işaretlerle karşısında beliriverir. Kişi artık ilahi sistemden bir şeyler istemeye, niyet etmeye ve niyet ettiklerini almaya hazır hale gelir. Bir süre sonra istedikleri için çırpınmasına gerek kalmaz, çünkü o artık uyanmıştır ve ihtiyacı olanlar ona tam ihtiyaç duyduğu esnada geliverir. Artık çırpınarak değil, içtenlikle bir kez istemesi yeterlidir. İnsan kendini onaylama noktasına gelene kadar çırpınır, ağlar, yalvarır, kendi dininin gereği olan ibadetleri yapar ama istediği netice ve cevapları bir türlü alamaz. Çünkü kendiyle barışmayan, özünde sağlam bir sevgi ve güven hissi bulunmayan kişi henüz isteklerini almaya hazır değildir. Çünkü istediği şeyi elde ettiğinde de anlayamayacak ya da daha sonra bu isteklerinin aslında uygun olmadığını görecektir.

Her şeyin sevgiden var olduğunu idrak eden, Yaradan'ın onu cezalandırmak için değil aksine onu sevmek, mutlu görmek ve en mükemmel hale büründürmek için yarattığını bilen kişi artık kendinde kusur görmek gibi bir gaflete düşmez, çünkü kendisini, özünü, yaratanını ve tüm kader programını benimseyip kabule geçmiştir. İşte o vakit nazikçe istemesi yeterli hale gelmeye başlar. Neye ihtiyacı varsa kendisine tam zamanında gelecektir.

İnsan mutlu olduğunda bu enerji tüm evrene yayılır. Bu yüzden pozitif insanlar adeta birer enerji kaynağıdır. Mutlu ve pozitif bireyler tıpkı bir elektrik trafosu gibi belki birkaç mahalleye bile güzel enerjisini yayabilir. Bir yerde iyi tek bir insan bile varsa onun iyiliği hatırına gökten inen sevgi enerjisi etrafındaki canlı veya cansız, herkesi de kuşatır. Çünkü göksel enerjiler bir yere ince etrafta olumsuz biri olup olmadığına bakmadan inerler. Kötülüğünde ısrar eden kimselerin trafosu da yine iyi insanlardır.

Bir yerde tek bir iyi insan kalmaksızın kötülük işlendiği ve yayıldığı vakit oraya inen enerji de yine ayrım yapmadan inecektir. "Kurunun yanında yaş da yanar," aslında bir atasözü gibi görünse de yine spritüel bir yasayı anlatır. Bir yere inen pozitif ya da negatif enerji indiği yerde hiçbir şeyi ayırt etmeden yayılır. İşte bu yüzden olumlu enerjide kalmaktan ve iyi işler yapmaktan vazgeçmemeliyiz. Birkaç kötü insan için değil, etrafımızda canlı veya cansız tüm varlıklara iyi enerjiler sirayet edebilsin diye daima yüksek bir ruh olma yolundan şaşmamamız gerekir. Ne kadar parlıyorsak o kadar fazla noktayı aydınlatabiliriz.

"İçinde Ne Varsa Dışında Da O Vardır."

Nefretle baktığımız iş arkadaşımız, bencil kız kardeşimiz, bizi sürekli terk eden sevgililerimiz, katı ve huysuz babamız, aşırı duygusal annemiz, "Benim asla anlaşamayacağım biri, kötü, kalpsiz, çirkin," gibi negatif sözlerle yaftaladığımız herkes ve yine "İyi, sempatik, cömert," diye pozitif kelimelerle tarif ettiğimiz herkes içimizdeki alt kimliklerin vücut bulup karşımıza çıkmış halidir.

İçinizdeki terk edilme korkusu size sizi terk eden bir sevgiliyi çağırır, çünkü sizi kendinize değer vermiyor ve iyi bir ilişkiye layık görmüyor olduğunuz gerçeğiyle yüzleştirmenin tek yolu budur. Sürekli cömert biri olmaya çalışarak içinizde aslında ilgi bekleyen ve büyük payı isteyen nefsinizi bastırdığınız için karşınıza nefsinizin sesine kulak vermenizi sağlayacak bencil insanlar çıkar. Çünkü evrende birini terbiye etmenin en güzel yöntemlerinden biri ona yansıtma yapmaktır.

İçindekini dışarda bulmayan kişi onun kendi içinde de olduğunu kavrayamaz, çünkü bastırıyor ve dışarı çıkmasını engelliyordur. Mütevazı birinin karşısına hep egosu yüksek kimselerin çıkması kaçınılmazdır, çünkü o içinde kendisini üstün yaradılışlı gören alt kimliğini hor görüp bastırıyordur. Kendisini ne kadar özel ve mükemmel gördüğünü kabul edene kadar onu bezdirecek narsist kimselerle karşılaşmaya devam eder. Bu gerçeği ne kadar erken kavrayabilirsek kurtuluş da o kadar yakın olacaktır. Kıskanç, narsist, bencil ya da umursamaz ve hatta sadakatsiz olan benim. Evet, çünkü insanım. Eğer tüm bu noksan sıfatlardan münezzeh olsam insan olmazdım ve burada işim olmazdı, göklerde bir melek olurdum. Oysa ben insanım ve dışarda uygunsuz bulduğum her çirkinliğin bende de numunesi var, bunu kabul edip hangisini ne kadar besleyeceğimi bilmeliyim sadece. Her duygu için denge lazım. Öfke de yerli yerinde kullanıldığı vakit gereklidir, sadece öfkemizin aklımızın önüne geçmesini engelleyebilmemiz gerekir.

İnsan neye meylederse meyletsin neticede insandır ve içinde insana özgü her duygunun tohumunu taşır. Hayatınızda tekrara düşmekten, benzer insanlarla karşılaşmaktan bezdiyseniz yapacağınız ilk şey bu negatif kişiliğin sizin alt kimliklerinizden birinin ya da birkaçının yansıması olduğunu kabul etmek. Terk edilme ya da aldatılma korkunun temelinde yatanın sizin de böyle bir kişilik taşıyor olduğunuzu bilmek en önemli aşama. İçimizde olmayan başımıza gelmez.

İnsanlığın tüm duygu ve genetik kodlamaları kendi numunesi olan tüm insanlarda mevcuttur. Milyonlarca yıl önce yaşayan kişiler, yaşanan olaylar, sorunlar ve kişilik özellikleri insan ırkının tamamına sonsuza dek aktarılmaya devam edeceğinden hiç kimseyi ötekileştirmeden yaşamamız gerekir.

Her şey bizim içimizden doğar ve içimizde çığlık çığlığa bağırıp zincire vurulan hangi alt kimliklerimiz ya da hangi duygularımızsa dışımızda onlardan başkası belirmez.

Hiçbir şeyi iyi, kötü, güzel, çirkin diye yaftalamadan yaşamayı öğrenmemiz gerekir. Kendinize yakıştırmaya tiksindiğiniz her şey sizin görünmeyen kimliğinizden başkası değildir.

Tüm spritüel danışmanların aslında hep eksik ve yavan anlattığı affetmek gerekliliği de buradan doğar. Affetmek bizim yapabileceğimiz bir şey değildir aslında. Affetmekten kasıt olağan görmek ve kabule geçmektir. Sizi inciten kişiyi onurlandırmak ya da onu alkışlamak değil, kendi içinizde tüm bu olanlara izin veren alt kimliklerinizi kabul etmek, kendinizi bu acıları yaşayacak kadar değersiz gördüğünüzü ve aslında buna ilahi planda kendinizin kabul verdiğini idrak edip tüm bu düşünceleri serbest bırakmaktır. Birini affetmekten kasıt aslında kendi ruhunuzu ve sıkı sıkıya bağlı olduğunuz kininizi ve nefretinizi serbest bırakmaktır. Bunu yaparak ilk kurtulan da siz olursunuz.

Her Şey
Sayılarda Gizlidir

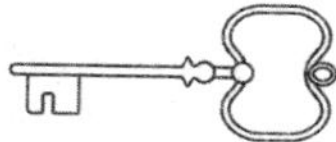

Kaderin Matematiği

İnançlara önem verilen, çoğu zaman batıl sayılabilecek inançlara sahip bir ortamda büyüdüm. Her birinin içine doğup önce inandım, sonra küçümsedim ve Dünya'da kalmaya devam ettikçe artık anlıyorum ki o küçümsediğim bilgiler meğer ne kadar şifalıymış. Her derdin devasının doğada olduğunu ve her şeyin ama her şeyin bir matematiği olduğunu öğretti hayat bana. İnsanın buraya gelirken getirdiği bir senaryosu var. Her şey bir plan dahilinde ve hesaplanarak oluyor. Şimdi vereceğim bilgi sizi mutlu mu edecek, mutsuz mu, bilmiyorum, ama hep yaptığım gibi bunu da çözümleriyle birlikte vereceğim. "Omnia in numeris sita sunt," yani her şey sayılarda gizlidir. Kaderimizin şifreleri de öyle. Bir insanın dünyaya geliş tarihi ve ardından aldığı isim onun kader yolunda zor mu yoksa kolay mı ilerleyeceğinin göstergesidir.

Eski Mısır'da insanı oluşturan sekiz unsur vardı. Bunlar Khat (fiziksel beden), Ren (kişinin ismi, yani kişisel sonik), Khabit (eterik beden), Ka (astral beden), Ab (mental beden), Ba (kozal beden), Khu (ruhsal beden) Khabas (ilahi beden)'dir.

Tüm bu fiziksel ve ruhsal tanımlamaların içinde kişinin isminin de yer alıyor olması ismimizin bizim düşündüğümüzden çok daha önemli ve rastgele konulamayacak kadar özel olduğunu vurguluyor.

Bu tanımlamalar kişiyi ruhtan, bedene doğru tanımladığı için isim burada ruhsal bir tanımlama, çekirdek ve öz bir durumdadır. İnsanın ismi varlığına ait tüm özellikleri kapsayan ses titreşimlerinden meydana gelir ve devamlı tekrar edilegelen bir kelime olarak kişinin hayatının akışına tahmin ettiğimizden çok daha fazla etki ediyor demektir. Daha çok küçükken doğan çocukları devamlı ölen ailelerin bizim büyüklerimize danışarak ilerlediğini ve ehil kimselere danışarak bu sorunlardan kurtulduklarına şahit oldum. Doğduktan sonra sık sık hasta olan bebeklerin "İsmi ağır geldi," denilerek adı değiştirilirdi. Uygun isim konulunca bebekler iyileşirdi. Bazı isimler ağır gelir, kişiyle bağdaşmaz ya da ona iyi gelmez. Bu asla bilimsel olmayan ama gerçekliği yadsınamaz şekilde doğru bir bilgidir.

Öncelikle 11 ve 22 ve 9 sayılarından bahsetmek istiyorum. Bu üç sayı matematiksel olarak da, ezoterik olarak da son derece sırlı sayılardır. Birinin doğum tarihini kendi içinde topladığımız vakit bu sayılardan birini elde ediyorsak bu tarihte doğan kişinin özel bir şansı olduğundan bahsedebiliriz. Size tesadüf olamayacak kadar bariz bir gerçeği açıklayacağım. Aşağıda tek ortak noktaları ilginç bir şansa sahip olmaları olan kimselerin doğum tarihlerini isimleriyle paylaşacağım;

Barack Obama: 4 Ağustos 1961

04+08+1+9+6+1=29 2+9=11

Bill Clinton: 19.08.1946

1+9+8+1+9+4+6 = 38 3+8=11

Paris Hilton: 17.02.1981

1+7+2+1+9+8+1=29 2+9=11

Madonna: 16.08.1958

1+6+8+1+9+5+8=38 3+8=11

Cem Yılmaz: 23.04.1973

2+3+4+1+9+7+3=29 2+9=11

Örnekler daha da çoğaltılabilir. Bu kişilerin doğum tarihlerindeki ortak özellik her birinin doğum tarihlerini kendi içinde topladığımız vakit sonucun 11 olması.

Her birinin dünyevi anlamda kolay sahip olunamayacak özel bir şansa sahip olmaları. Sadece doğum tarihinin toplamını bilmemiz yetmez. İsim ve soy isim olarak da incelememiz gerekir. Her harfin rakamsal bir karşılığı vardır ve bu düzenli bir sıra ile devam eder. Harflerin değerleri sırasıyla şöyledir:

A, H, Ö, Y =1

B, I, P, Z=2

C, İ, R=3

Ç, J, S=4

D, K, Q, Ş=5

E, L, T=6

F, M, U=7

G, N, Ü=8

Ğ, O, V, W, X=9

Peki isimlerimizi nasıl hesaplayacağız. Türkçe ya da yabancı isim fark etmeksizin kişinin tam adı çok önemli.

Cem Yılmaz ismini hesap edecek olursak;

C=3+ E=6 +M=7+Y=1+I=2+L=6+M=7+A=1+Z=2

TOPLAM SAYI: 35 3+5=8

Doğum tarihinin sayılarının toplamını 11, yani özel sayı olarak hesap ettiğimiz Cem Yılmaz'ın adının harflerinin sayıları toplamının doğum tarihinin toplamından az olduğunu görüyoruz. Bu şanslı bir durum. Yani ismi kişiye ağır gelmiyor. Bu isim ve bu şans sayısı ile hayatta kolaylıkla ilerleyebilecek demektir.

Diyelim ki birinin doğum tarihi rakamlarının toplamı 8 çıktı ve buna karşılık isminin harflerinin rakam karşılığı hesaplamamız 9 çıktı. Bu da kişinin isminin doğum tarihinden fazla olması demek. Yani ismi kişiye ağır geliyor. Yapmamız gereken kişinin doğduğu günün tarihinin toplamından daha az toplam sayı veren bir isim bulmak. Doğum tarihinin toplamı daima isminin toplamından fazla olmalı ki kişinin hayat akışı kolaylıkla ilerleyebilsin.

Evladın anne baba üzerindeki haklarından biri de isim hakkıdır. Çocuğa verilen isim öylesine verilmemeli. Bu bir törendir ve isim koyma merasimi çok önemlidir. Sesin de, sözün de sihirli olduğunu daha önce belirtmiştim. Yıllar boyu kişiyi çağıracağınız isme karar verirken öyle basite indirgemeden yapmalısınız. İsmin kişiye iyi gelmesine ve onun hayat akışını zorlaştırmamasına dikkat etmelisiniz. Yukarıdaki tabloyu dikkate alarak kişinin doğduğu günün toplamından daha az sayıya denk gelen isimler bulabilirsiniz. İsim bulurken "A, B, R, H, K,

D" harflerine de dikkat eder ve ağırlık verirseniz ekstra güzel bir enerji yakalamış olursunuz.

Bu sayıları toplarken sıfır sayısına bir değer vermediğimizden eğer herhangi bir hesaplamada 10 sayısını elde edersek otomatik olarak sonucu 1 kabul ediyoruz. 1 bu hesaplamada en düşük sayı olduğundan, eğer birinin doğum tarihi toplamı 1 olursa ismini de en azından toplamı 1'e denk gelecek şekilde yapmalıyız ki bir eşitleme söz konusu olsun.

Şimdi baştan alalım, isimleri harf değerlerine göre, doğum tarihlerinin rakamlarını ise kendi içlerinde topluyoruz. Tek bir sayı elde edene kadar devam ediyoruz yalnız 11 ve 22 elde ettiğimizde bu iki rakamın sonuçlarını kendi içinde toplamıyoruz, çünkü bu sayılar özel sayılar. Bunun dışında kalan her rakam kendi içinde toplanıyor. İsmin toplamı daima doğum tarihinin toplamından az olmalı ki eski tabirle kişinin ismi kendisine ağır gelmesin.

Ben bu yolla birçok bebeğe isim verdim, yıllar geçmesine rağmen hâlâ bebeklerin ailelerinden teşekkür alırım. İsim bulurken muhakkak "A, B, R, H, K, D" harflerine öncelik veririm, eğer bu harflerin bulunduğu uygun bir isim bulamazsam doğum tarihi toplamından az toplam veren bir isim bulana kadar aramaya devam ederim. Harfler ne olursa olsun, ismin toplam sonucunun doğum tarihinin toplamından az olması öncelikli olarak dikkat etmemiz gereken konu zira.

Şimdi isimlerin karşılığında denk gelen sayıların anlamlarından da bahsedeceğim. Çünkü ismin toplamından çıkan sonuçlar da bize karakteristik özelliklerle ilgili bilgi vermektedir. Hem böylelikle sayıların mistik taraflarını, ezoterik anlamlarını ve nasıl bir enerji yaydıklarını da birlikte öğrenmiş olacağız.

İsmimizle ilgili nasıl şifalandırma yapabiliriz?

Eğer verdiğim hesaplamaları yaptıysanız ve sonuçta isminizin rakamsal değeri doğum tarihinizinkinden fazla geldiyse isminizin size verdiği olumsuz enerjiden kurtulmanın da yolları var elbette.

1) Daha az rakamsal değer veren bir isim bulup radikal bir kararla değiştirmek seçeneklerden biri olabilir fakat bu çok ciddi bir karar gibi gelebilir ve kadersel güçlü değişikliklere yol açabilir.

2) İsminizin olumsuz enerjisini düzenlemek yeterli. İsminizi seviyorsanız ve başka bir isimle değiştirmek istemiyorsanız 40 gün boyunca sabah ya da akşam günde bir kez şu niyeti yapabilirsiniz.

"Niyet ediyorum ismimi ve hayatıma yaydığı enerjiyi şifalandırmaya. Benim adım "......" (isminizi tekrar edeceksiniz) ve ismimin yaydığı rakamsal enerji frekansı 1'dir, 1'i bir ve bütün olarak kabul ettim olsun o halde ve oldu." diyeceksiniz.

Buna 40 gün aksatmadan devam edin. Hayatınızın belli dönemlerinde enerjinizin düştüğünü ve şansınızın azaldığını hissederseniz tekrar bu çalışmayı başlatın ve 40 gün boyunca devam edin. Eğer isminizi hem sevmiyorsanız hem de rakamsal değer olarak size ağır geliyorsa öncelikle size ağır gelmeyen ve sevdiğiniz ismi bulun ve sevip güvendiğiniz dostlarınızla bir isim koyma partisi düzenleyin. Niyet ediyorum sevdiğim ve seçtiğim bu toplulukla birlikte ismimi şifalandırmaya deyin ve başlayın. Her birinin toplu halde 40 kez "senin ismin ...." şudur diyerek tekrar etmelerini rica edin.

Bu çok yüksek bir titreşim yayacaktır ve nazınızın geçtiği kimselerden size seçtiğiniz isimle hitap etmelerini de devamında rica edin. Amacımız ismimizle doğum tarihimize uygun enerji frekansını yakalamak ve nasıl çağrıldığımızın önemli olduğunu en başta söylemiştim. Şunu bilmeliyiz ki ismimizi seçmek ve sevmek en doğal hakkımız ve eğer ailemiz bu konuda bizi zor durumda bıraktıysa, bize gülünç ya da iyi hissettirmeyen bir isim verdiyse bunu değiştirmek de hem yasal hem manevi hakkımız. Bizim kültürümüzde kulağa ezanla isim verilmesi töreni de vardır, dilerseniz inancınıza göre seçtiğiniz ismi kulağınıza da ezanla birlikte tekrar ettirebilirsiniz. Bu da hem inancınıza uygun hem de katmerli bir etki yayacaktır. "Birine kırk kere deli dersen deli olur" diye de boşuna dememişler, evet birine 40 kere ne söylersek onu söylediğimiz şeye dönüştürme gücümüz var!

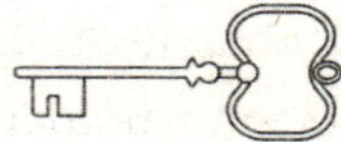

Sayılar Bilimi ve Sayıların Derin Ezoterik Anlamları

Ezoterik sayılar bilimini en geniş biçimde ilk ele alan kişi olan Pisagor der ki; "Sayı Tanrı'nın asli ve aktif erdemidir. Sayılar bilimi ise yaşamsal güçler ve ilahi güçler bilimi demektir." Sayılar sistemin şifreleridir.

Şimdi tüm sayıları tek tek ele alıp hem kendi isim ve doğum tarihlerimizin anlam ve önemini, hem de günlük hayatta karşımıza çıkan işaretleri nasıl yorumlayabileceğimizi idrak etmiş olacağız.

Sayılar ve Anlamları

1, Bir

İşte en önemli sayı! Kendinden önce gelen bir rakam yok ve farklı rakamların bir araya gelmesiyle oluşmaz. Ezoteride 1 rakamı her şeyin nedenini ve kaynağını temsil eder. Başlangıç, merkez, teklik ve hatta tek tanrılı dinler için Tanrı'yı sembolize eden sayıdır.

İsminin ya da doğum tarihinin toplamı 1 olan kişinin hayatı boyunca kişilik sorunları ve ego problemleriyle baş etmek gibi bir zorunluluğu olabilir. Kendisini bazı yerlerde olması gerekenden aşırı, bazen ise olması gerekenden zayıf bulabilir. Kendisini yeterince tanımayan, kavgaların içine toy bir biçimde atılan, objektif olamayan ve bu nedenle kendi hayat derslerini herkesinkinden ağır zanneden biri çıkabilir karşımıza. Minik bir bebek misali, ağlayınca birilerinin onun ihtiyaçlarını karşılayacağını ve bunun doğal bir süreç olduğunu düşünebilir. Duygular çabuk ve geçicidir. Kişinin kendini kişilik bakımından geliştirmesi, egosunu alçaltmadan ya da çok yükseltmeden dengede olmayı deneyimlemesi elzemdir.

Hiçlik makamı onu memnun ve verimli kılmaz. O varlığından hoşnut ve başarılı olmayı hedeflemiş ve yaşam enerjisini artıracak aktiviteler içinde olmalıdır. Yapması gereken önce kendisini anlamak, tanımak, sevmek, kabullenmek ve başarıyı hedeflemektir.

2, İki

İlk çift rakam. Tekliğin harekete geçmesini ifade eden, birbirini tamamlayan tüm enerjilerin temsili olan sayı. Zıtlıkların ve dualitenin sayısı. Varlık-yokluk, ışık-karanlık, eril-dişil, siyah-beyaz gibi birbirinin karşıtı olan kavramların aslında birbirinin tamamlayıcısı olduğunu ve biri olmadan diğerinin var olamayacağını bize anlatan sayıdır. Çoğalmanın, hareketlenmenin, verimli hale gelmenin ifadesidir. Ruhun etki ettiği maddeyi de temsil eder.

İsminin ya da doğum tarihinin toplamı 2 olan kişiler son derece geleneksel yaklaşımlar sergileyebilirler. Bir sebepten dünyevilik ve uhrevilik arasında sıkışıp kalmış gibi hissedebilirler. Bazı konularda kendilerini ve çevrelerini fazlaca daraltmaya meyledebilirler. Mal mülk konusu ya saplantı ya da sorun haline gelecektir. Miras meseleleriyle sınanabilir. Her şeyin hapsetmek için değil, devir daim etmek ve canlanmaya, harekete katkıda bulunmak üzere yaratıldığını idrak etmelidir. Paylaşma yoksunluğunun eldekileri kaybettirme riskine karşın, paylaşmayı öğrenerek hayat derslerini daha kolay hale getirebilir. Kendini çoğu zaman eksik hissedebilir, buna karşın aradığını bulduğu anlarda da sıkılıp kendi içine çekilme arzusu duyabilir. Kişi konfor alanı ve maddeyle olan ilişkisinin maneviyat olmadan anlamlı olmayacağını idrak etmelidir. 2 yerin, yerlerin, maddenin ve toprağın sayısıdır.

3, Üç

Göğün, ilahi olanın, ışığın, tüm eril prensibin sembolüdür. Kendisinden önce gelen 2-iki ile bir araya geldiğinde yer ve gök arasında kopmadan, her an süregelen irtibatı temsil eder.

İsminin ya da doğum tarihinin toplamı 3'e denk gelen kişi ciddi bir karar verme, hedef koyma becerisi ve yüksek bir zekâ potansiyeline sahiptir. Son derece mistik ve sezgisel tarafları olabilir. Aslında kişi madde ve mana arasında çok güzel bir denge kurabilir, önemli konularda aklının ve sezgilerinin ortak ürünü olan harika kararlar verebilir. Hız, hareket ve zekâdan kaynaklı güçlü bir kişilik verir. Meraklı, araştırmacı, çok duygusal olduğunu düşünürken son derece mantıkla hareket eden, atılgan, herkesten daha farklı bir sadakat bilincine sahip olan ve karşılarındakilerden kendilerinin gösterdiğinden bile daha fazla sadakat bekleyen, dostlukta da özel ilişkilerde de sadakate önem veren kimselerdir. En stresli durumlarda bile şükran duygularını kaybetmezler, insanları zor benimserler fakat gerçekten benimsedikleri insanlara çok güçlü bağlarla bağlanırlar. Kendilerini mutlu etmenin bir yolunu bulma konusunda ustadırlar.

4, Dört

4 ana sırrın, dört elementin, evrensel var oluşun dört temel ilkesinin temsilci rakamıdır. Ruh, madde, hayat ve zaman varoluşun 4 temel sembolüdür. Evrende var olan, varlık olarak tanımladığımız her şey bu dört temel enerjinin birbirleriyle yaptığı varyasyonların neticesidir. Dört element, 4 kitap, 4 büyük melek gibi anlatılagelen 4 temel prensibin birbirini tamamlayışının sonucunda ortaya çıkan bir semboldür 4 sayısı.

İsminin ya da doğum tarihinin toplamı 4 rakamına denk gelen kişiler fikir bulucu, buluşçu, eğer bu toplam 22 rakamıyla oluşuyorsa hayatta her zaman bir joker hakkı olan kimselerdir.

Kendi hedefledikleri işlerin parçası olmak ve kendi ideallerinin peşinden gitmek isterler. Tüm farklılıkların ahenk içinde nasıl devam edeceğini iyi tahlil ederler. Ailesine bağlı, köklerine ve geçmişine önem veren bir yapı çizerler. Hayatlarında hep öncesi ve sonrası diyebileceğimiz belirgin ve birbirinden farklı dönemler olur. Zor olaylar yaşasalar da hayat onları mükâfatlandıracak ve hak ettikleri yükselişi getirecektir. Evlerinde huzur bulmak isterler ve hayal ettikleri gibi bir yuvaları olsun diye çok çaba sarf ederler. Eğer toplumdan uzaklaşır ve sosyalleşmezlerse mutsuz biri olurlar, daima sosyal olmaları ve iletişimci olmaları onlar için en iyisidir.

5, Beş

İnsanın rakamsal karşılığıdır. Ruhtan ve bedenden oluşan insan yer ve göğün, yani 2 ve 3'ün birleşmesinden doğan madde ve ruh bilincini temsil eder. İnsan âlemin küçük bir parçası ve içinde koca âleme ait ne varsa taşıyan özel bir varlıktır. 5 hem ilahi, hem de tamamlanmış, tastamam bir sayıdır. İsminin ya da doğum tarihinin toplamı 5 rakamına denk gelen kişiler, sessiz sakin görünseler bile sonradan fazlaca sevecen oldukları anlaşılır. Tüm kalbiyle sevmek, fazlaca sevmek onların en önemli özelliğidir. Çocukla çocuk, büyükle büyük olurlar. Kalpleriyle hareket eder ve aşkı tüm derinliğiyle yaşarlar. Son derece yaratıcı, yetenekli ve etkileyicidirler. Her insanın nihayetinde yapması gerektiği gibi duygu ve mantıklarını dengelemeyi muhakkak öğrenmelidirler.

6, Altı

Oldukça değişken, dişil ve bakir/bakire bir sayıdır. İnsana tanınan iki şansı, iki bölümü, iki dileği ve hayatın iki evresini anlatır. Fazla ruhsal olmak, aşırı hassaslık ve doğurganlığı temsil eden bir sayıdır.

İsminin ya da doğum tarihinin toplamı 6 rakamına denk gelen kişiler doğum, hastalık, evlilik, iş gibi konular nedeniyle travmalar yaşayabilirler. Onların öğretileri fedakârlık ve hizmet etmekle bezenmiş yollardan geçer. Hayatlarında iki evre vardır ve gerek evlilikte, gerekse statüleriyle ilgili iki aşama geçirirler. Sonuçta ilkinde yaşadıkları tecrübeler onların yükselişini garanti eder. Birden fazla kez evliliğe meyleden, birden fazla kişiyle dönüşüm getiren bir rakamdır. Kişi iyilik ettikçe, evcil hayvanlarla vakit geçirdikçe ve ihtiyacı olan kimselere hizmet ettikçe yücelecektir ve sorunlarının üstesinden gelecektir.

7, Yedi

En önemli ezoterik sayı. Kozmik enerjinin hiyerarşik kademelenmesini, aşamalar göstere göstere yayılmasını yedili sistemlerin sağladığı düşünülür. 7 kat yer, 7 kat gök, gökkuşağının 7 rengi, 7 nota, 7 çağ... Evrensel varoluşun sembolü 7 rakamıdır.

İsminin ya da doğum tarihinin toplamı 7 rakamına denk gelen kişiler son derece sezgisel, özel ve duyarlıdırlar. Onlar görünenin ötesini kavrayabilen, medyumvari yetenekleri olan, maneviyata düşkün, aynı zamanda son derece duygusal kişiler olmalarına rağmen adaletten şaşıldığını gördükleri vakit güçlenir ve lider bir yapıya bürünürler. Başkaları ile iletişim kurarlar, ilişki içinde olarak gelişirler. Bir elmanın iki yarısı gibi olabilecekleri kişiyi bulana dek huzur bulmaları çok zordur. Tek başınalığıyla mutlu olmayı öğrenmeden çift olmanın da mutluluk getirmeyeceğini anlamak için buradadır ve kendisine öncelik tanımayı öğrenmelidir. Maneviyat ve spiritüalizm onun ayrılmaz birer parçası gibidir.

8, Sekiz

Devamlı kendini yenileyen ve dönüşüm geçiren gücün temsilidir. Güç ve dönüşüm anahtar kelimeler. Devridaim eden, uyum gösteren ama bir o kadar da kendine özgü bir enerjinin temsilidir 8 sayısı. Krizleri, dönüşümleri ve öldürmeyen acıların güç verdiği bir alanı temsil eder. Yedi kat göğün sonundaki Tanrı'nın katının temsili. Mükemmelleştirmenin ifadesi olan sayıdır.

İsminin ya da doğum tarihinin toplamı 8 rakamına denk gelen kişiler çok yönlü, on parmağında on marifet olan, her konuda maharetli ve becerikli kişiler ve duygusal birer liderdirler. Kalpleriyle hareket ederler, hassas bir kalbe sahip olsalar bile lider bir yapıya sahiptirler. En becerikli kimselerin çıktığı gruptur bu. 8 krizlerle dönüşmenin ve herkesten daha özel bir hale gelmenin göstergesi olan sayıdır. Kişi sabrı öğrendikçe güçlenir.

9, Dokuz

Tek basamaklı sayıların sonuncusu, yepyeni bir doğuma doğan ölüm, aslında yok olmayışın sembolü. 3 sayısının 3 katı ve göğün en üst makamıdır. Boyut değiştirmenin ve tamam olmanın sayısıdır. İsminin ya da doğum tarihinin toplamı 9 rakamına denk gelen kişiler son derece çekici, özel, asabi, öfke kontrolünü öğrenmekte zorlanan kişilerdir. Çoğu zaman katı ve son derece lider ruhludurlar. Onlar öfke kontrolünü öğrendikçe hayatta daha etkili olurlar ama hiçbir şey onların aşırı çekici olmasını engellemez.

11, On bir ve 22, Yirmi iki

İsim toplamı olarak 11 ağır bir kişiliği, zorluklarla baş etme gücü olan kimseyi ifade eder. Bir insanın hem ismi, hem doğum tarihinin toplamı 11 ya da 22 ise bu çok daha özel bir şansa işaret ediyor demektir. Doğum tarihinin toplamı 11 ya da 22 olan kimseler hayatta ne yaşarlarsa yaşasınlar zafer ve şans sahibi olurlar ve özel kişilikleriyle kendilerini her alanda belli ederler. Bu rakamların belirdiği her isim ya da doğum tarihi çok özel bir şansa sahip olunduğunun göstergesidir.

Bir Rehber Olarak
Dünyanın Uydusu Ay

Ay

Gökte iki kutsal ışık var; biri Ay, diğeri Güneş. Bu iki kutsal ışık çağlar boyu bir rehber gibi görüldü, takip edildi, kimi zaman umut, kimi zaman korku oldu insanlığa. Biz Güneş'in tüm hareketlerine önem verip majör olaylar için onu devamlı takip ederken günlük olaylar için en çok Ay'dan ve yaptığı açılardan faydalanırız.

Güneş erkek enerjisi, etken ve dışavurumcu bir enerji yayarken, Ay edilgen, dişil ve bilinçdışını çok güçlü biçimde kontrol eden bir enerji yayar. Ay Güneş sisteminde en hızlı hareket eden cisimdir, düşünsenize Satürn bir turunu üç yılda tamamlarken Ay bir turunu iki buçuk-üç gün içinde tamamlar. Kadınları, hormonları ve suları da etkileyen Ay olduğu için günün rengi de, kadınların ruh hali de fazlaca değişkenlik gösterir. Ay mutluysa insanoğlu da mutlu olur, Ay eskilerin tabiriyle "mesut saatinde" değilse insanoğlu da mutsuz olur, işleri yarım ve kısır kalır.

Astroloji bilgisi olan ve neyi hangi vakit yapması gerektiğini bilen biri her anını verimli geçirmeyi bilir. İnsanın saç kesiminden tutun, bahçe bakımına, önemli konuşmalar yapma vaktine kadar Ay'ın açılarından yararlanabiliriz. Atalarımız, eski uygarlıklar tüm işlerini Ay'a göre ayarlar ve verim alırlardı, fakat bu bilgiler günümüzde belli bir kitlenin sahip olduğu ve insanlardan ilginç bir cimrilikle gizlendiği şeyler olduğu için bilgi belli insanların elinde kalıyor ve toplumun astroloji bilgisinden verim alması da olanaksız hale geliyor.

Şimdi size Ay'ın halleri hakkında astrolojik açıdan en verimli ve pratik şekilde bilgiler vermeye gayret edeceğim. Ay 28 günde bir Zodyak turunu tamamlar. Kadınların adet döngüsü, ay hali olarak bilinen dönemlerinin 28-30 günde bir olması da bu sebeptendir. En başta belirttiğim gibi Ay kadınları, hormonları ve suları yönetir. 28 günde bir turunu tamamlar ve 7 günde bir 4 ayrı evreye ulaşır. Her evresinin ayrı ayrı etkileri vardır. Ama öyle basit etkiler değil! Hayatımızda doğum ve ölüm gibi, hatta nikâh, hamilelik de dâhil olmak üzere pek çok olayı etkileyen minör açılardan majör açılara doğru bir skala çizer. Sağlıkta, özel hayatta, attığımız her önemli adımda Ay belirleyicidir ve hangi zamanda ne yapılıp ne yapılmaması gerektiği Ay'a göre belirlenir.

Doktorların atası saydığımız Hipokrat der ki: "Ay'ın içinde bulunduğu burcun temsil ettiği organlara bu burç dönemlerinde demir ile dokunma," Hipokrat burada Ay hangi organı temsil eden burçta geziyorsa o vakit o organın ameliyat edilmesinin doğru olmayacağını vurgulamak istiyor. Örneğin Yengeç burcu mide, meme ve hormonları etkileyen bir burç. Ay Yengeç burcunda iken bu bölgeler çok daha hassastır ve bıçak vurmak, ameliyat etmek risklidir.

Her burç gökte kendine has özellikleri olan birer ülke gibidir. Ama öyle basit birer ülke değil, bir derecesinde bile Güneş'ten büyük yıldızların olduğu dev ülkelerden bahsediyorum. Bu 12 büyük ülkenin her birinin kendine has iklimi, özellikleri ve doğası vardır. Kadın Tanrıça Ay bu on iki ülkeyi 28 günde tek tek gezer ve her gittiği yerde o ülkenin özelliklerini ışığı ile Güneş sistemine ve bilhassa uydusu olduğu için dünyamıza yayar. Ay gittiği ülkede dişi ve nazik doğasına uygun bir ortam bulduysa ne âlâ, yok bulamadıysa günlük hayatta işler epeyce karışacak demektir.

Ay'ın Fazları

Yeniay Fazı

Ay ve Güneş'in, yani kral ve kraliçenin her ay bir kez bir burçta aynı derece ve dakikada kavuşması demektir. Kral ve kraliçe her ay bir kere hemhal olurlar ve takvimlerde bu faz siyah bir daire olarak resmedilir. Çünkü bu kavuşmada Ay, Güneş'in ışığı altında görünmez olur. Bu nedenle Ay, Güneş ile kavuşmuşken doğan kimseler objektif olmakta zorlanırlar ve hiç büyümeyen bir çocuk edasıyla hayatı yaşarlar.

Kadın haritalarında bu durum ilişkide erkeğin gölgesinde kalmayı ya da anne figürünün babanın gölgesinde kalması durumunu beraberinde getirebilir. Çünkü Ay, Yeniay esnasında Güneş ışınını alamaz ve karanlık görünür, bu da kadınlar için bir nevi gölgelenme etkisidir.

Yine gökte Yeniay varken tüm insanlar için istem dışı yeniliklerin zamanıdır, fakat bu yenilikler her zaman planlı ya da mutluluk verici olmayabilir. Yeniay esnasında Ay küçük fakat etkisi büyüktür ve isteğimiz dışında yenilik ve gelişmelere de neden olabilir.

Eski kaynaklar ve Pagan kültürüne göre Yeniay gerçekleştikten sonra üçüncü gün harekete geçilmesi bereketli sayılırmış. Biz astrolojik açıdan en azından Ay'ın hızına göre ikinci günü daha uygun sayıyoruz. Çünkü Ay Güneş'ten uzaklaştıkça objektif olma kapasitemiz ve doğru karar verme yetimiz artar hale geliyor. Yeniay güçlü enerjisini bir gün öncesi en yoğun şekilde yaymaya başlar. Gerçekleştiği gün bilinçli yenilikler için uygun sayılmaz, ertesi gün ya da daha ertesi gün toprağa tohum atar gibi bir başlangıç yaparsak, bir adım atarsak 28 günlük döngüde başlangıç yaptığımız konunun nasıl da verimli hale geldiğine şahit olabiliriz. Yeniay'ın yoğun, taze ve dinamik enerjisi bir işe başlamak, başlangıçlar yapmak ve geleceğimizi şekillendirmek için bizi güdüler. Yeniay fazı bir enerji tohumu gibi olduğundan her ay hangi burçta gerçekleşiyorsa bizi o burcun doğasında yenilikler yapmak için bilinçaltımızdan güçlü bir biçimde harekete geçirir. O burcun enerjisini alır, geliştirir, Dolunay'da olgunlaştırır ve başka bir burçta Yeniay fazına girmezden evvel sonlandırır. Yeniay'ın bu etkisini ve hangi burçta neleri ön plana çıkardığını bilmek bizler için de her konuda en verimli zamanı tespit etmek demektir.

Yeniay doğanın nefes verme zamanıdır. Tüm sıvılar harekete geçer, hasta ağaçlara Yeniay'da ilaçlama yapılırsa, aşılama ve budama zamanları Yeniay'a denk getirilirse ağaçlar çabuk iyileşir ve daha gür biçimde büyür. Tohum ekmek için de Yeniay fazı değerlendirilmelidir. Şifalı bitkilerle yapılan çalışmalar, şifalı bitki çaylarının hazırlanması ya da toplanması için ise Yeniay vakti uygun değildir, çünkü bitkilerin şifa etkisi Yeniay'da zayıflar. Yeniay zamanları hava koşulları da, olayların ilerleyişi de değişken olabilir.

Yeniay tüm canlılar için toksin atma vaktidir, Yeniay vakti boşaltım sistemimiz hareketlenir; bu yüzden bol su tüketmek, kabızlık giderici şekilde beslenmek yerinde olur. Mümkünse daha sık tuvalete ve idrara çıkmak sağlığı pozitif etkiler. Antioksidan meyve ve sebzeler tüketmek daha etkilidir. Yeniay vakti bedensel enerjimiz düşük olduğundan yorucu aktivitelerden kaçınmak gerekir. Hayvanlarımızın aşı dönemlerini Yeniay vaktine getirmek doğru olmaz, çünkü zaten zayıf düşen beden aşı etkisiyle daha da zayıflar. Zorunlu değilseniz ve doktorlarınız ciddi koşullardan bahsetmiyorlarsa ameliyatların Yeniay zamanına ve beş Yeniay kudretindeki Güneş tutulma vakitlerine denk getirilmemesi gerekir. Her Güneş tutulması kuvvetli bir Yeniay demektir ve Yeniaylarda zayıf düşen vücut ameliyatlar ve ağır tedaviler karşısında beklenen kuvveti gösteremeyebilir. Ayrıca bedenin yeniden kuvvet bulup yaranın iyileşmesi de uzun sürebilir.

Bir bağımlılıktan kurtulmak istiyorsak yine Yeniay'ı takip eden iki ya da üçüncü günü değerlendirmemiz yerinde olur. Her günü bir adım uzaklaşma olarak görüp, sizi bağlayan tüm koşul ve bağımlılıklardan bir sonraki Yeniay'a kadar kurtulmaya niyet edebilirsiniz.

Yeniay Vakti Yapılabilecek Ritüeller

Kurtulmak istediğiniz her şeyi, tüm negatif olayları beyaz bir kâğıda, kırmızı bir kalemle yazıp külünü rüzgâra savurabilirsiniz.

Sandal ağacı tütsüsü ya da bitkisini alıp evinizin her köşesini tütsüleyebilirsiniz.

Her Yeniay vakti evde bir parça yenibahar kaynatıp, o kokunun evinizin dört bir köşesine yayılmasını sağlayabilirsiniz.

Hilal Fazı

Yeniay'dan sonra Ay'ın ışığının ilk kez belirmeye başladığı fazdır. Birçok kaynakta, mitolojide, semavi dinlerde de Ay'ın Hilal fazına ayrıca bir önem verilir. Birçok dinin ve inancın temsilinde de Ay'ın Hilal şeklinin kullanıldığına şahit oluruz. Eski Pagan inançlarında da tanrıçalar için de Hilal fazını gösteren semboller kullanılır.

Hilal fazı bir bebeğin beslenmeye hazır hale geldiği, zorlu mücadeleler verdiğimiz ama gelişime olumlu katkıda bulunan zamanları ifade eder. Takviye edici gıdalara, saç serumu ve cilt serumlarına, hormon ve ilaç tedavilerine başlamak için uygun bir zamandır.

Yeniay vaktinde önünüze çıkan fırsatları bir kere daha gözden geçirebilirsiniz. Hilal'i gökte görür görmez şu niyeti yapın: "Sevgili Yaradan'ım Hilal'in olumlu ışığını ve enerjisini senden ister, onun haşmetinin eziciliği ve karmaşasından sana sığınırım. Aç kalan her bir zerremi ışığınla besle ve iyileştir." Bu cümleleri söyleyerek bir bardak sütü (imkanınız varsa yeni doğum yapmış bir ineğin sütü ile daha etkili olur) birkaç saat boyunca Hilal'in ışığı altında bekletin ve hücrelerinizin yenilenmesi niyetiyle için.

Büyüyen Ay Fazı

Takvimlerde sağ tarafı aydınlık, yarım bir daire olarak temsil edilir. Yeniay vaktinden birkaç saat sonra Ay soldan sağa doğru büyümeye başlar ve yavaş yavaş aydınlanır. Ay'ın ışığının tam olarak büyümesi 14 gün sürer ve bu da Dolunay vaktine işaret eder.

Dolunay'dan hemen önceki dönem olduğu için Büyüyen Ay Fazı toplama, biriktirme, büyüme fazı olarak kabul edilir. Yeniay'da attığımız tohumlar Büyüyen Ay vaktinde en hızlı büyüme gösterdiği vakte yetişmiştir. Yeni bir beslenme programına Yeniay vakti geçtiyseniz Büyüyen Ay Fazı geldiğinde başladığınız programın en verimli zamanındasınız demektir.

Pozitif etkiler büyür, depolanır.

Doğada bitkiler büyümeye başlar, şifalı bitkilerin şifasının ve bitkilerin öz sıvısının en güçlü biçimde yükseldiği zamanlardır. Bitkilerin sıvıları saplarında, yaprak ve çiçeklerinde, meyvelerinde yoğunlaşır. Eğer dalından ya da meyvesinden büyüyen bitkiler ekeceksek bu dönemde ekmeliyiz. Eğer bahçedeki çimleri bu fazda biçersek daha güçlü biçimde büyüdüklerine şahit oluruz.

Şifalı bitkileri toplamak, bitkilerden özyağ çıkarmak, kendi doğal losyon ve parfümlerimizi hazırlamak, misk almak ve kullanmak, turşu kurmak, marmelat ve reçel yapmak, sirke, yoğurt mayalamak, kışlık sebze meyve toplayıp depolamak, para biriktirmek üzere kumbara hazırlamak, hesap açmak, altın almak ya da birikim yapmaya niyet etmek için de yine Büyüyen Ay Fazı'nı değerlendirebilirsiniz.

Bu dönemde hem kendimiz, hem sevdiklerimiz için bedenimizi güçlendirecek besinler, vitamin ve gıdalar almak her zamankinden daha etkili olur. Vücudumuzda boşalan vitamin depolarını tespit edip doldurmak, demir ve çinko mineralini bu dönemde depolamaya gayret etmek uzun vadede de fayda sağlayacaktır. Bedenimizin kendini iyileştirme gücü daha fazla olduğu için dinlenmek, güzellik uykularına, öğlen uykularına yatmak her zamankinden daha faydalıdır. Yaraların iyileşmesi için iyi bir dönem değildir. Ameliyatlar için, mecbur ve hayati olmadıkça, bu dönem de tercih edilmemeli. Eğer mecbur kaldıysanız ya da birtakım yaralar aldıysanız kullandığınız ilaçlar kuvvetli tesir edeceğinden iyi besin ve ilaç takviyeleri ile bu dönemi atlatabilirsiniz.

Bedenin depolama kapasitesi yoğun olduğu için bu dönemde aşırı yağlı yemekten de kaçınmamız elzemdir, çünkü vücudumuz sağlıklı vitamin ve mineralleri depoladığı gibi, yağları da depo eder. Büyüyen Ay Fazı döneminde yağlı ve aşırı kalorili, abur cubur ve asitli yiyecek ve içeceklerden uzak durulmalıdır.

Ağır metallerle uğraşmak, kurşun döktürmek için de Büyüyen Ay Fazı uygun değildir. Temiz ve bol su içmek, daha doğal ve fosforsuz diş macunları kullanmak, zehir, kanserojen, alüminyum içeren tüm maddelerden bu dönemde ekstra uzak durmak önemlidir.

Büyüyen Ay Fazı döneminde evinize mutlaka birkaç adet minik bambu ve crasula alın. Dikensiz kaktüsler ekmek için uygun zamandır. Papatya, kişniş, zerdeçal, rezene bitkilerini bol bol tüketin. Daha sık duş alın ve Güneş ışığı alan bir yerdeyseniz mutlaka Güneş'in altında en az 40 dakikanızı geçirin ve Güneş'in ışığını, D vitaminini depolamaya niyet edin, ağızdan da D vitamini takviyesi almayı ihmal etmeyin, çünkü bu dönemde aldığınız D vitamini takviyesi uzun vadede kullanılmak üzere depolanacaktır.

Ay bu fazda iken eve kapanmayın, iyi dinlenin fakat her bulduğunuz fırsatta dostlarınızla birlikte vakit geçirin, gezin tozun, eğlenceli aktivitelerine katılın. Kahkaha ve nefes egzersizleri yapın, daha çok müzik dinleyin, hareket edin ve aktif bir iletişimci olmaya gayret edin. Öğrenmek istediğiniz bilgiler varsa bu dönemde okumaya, ders çalışırken anlamakta zorlandığınız konuları bu döneme denk getirmeye, ezberlerinizi bu dönemde yapmaya gayret edin.

Dua, mevlit, kutsal okumalar, bereket çalışmaları, hayır ve iyilik işleri, toplu dualar için, kutsal amaçlar üzerine toplanmak için de yine bu dönemin enerjisinden yararlanırsanız katlanarak büyüyecektir.

Sevgi ve aşk niyetleri yapmak için uygun zamanlardır. Yedi adet gül yaprağı üzerine sizi sevmesini istediğiniz kişinin ismini minik bir kalemle incitmeden yazarak minik bir şişe gül suyunun içine atıp bu şişeyi Dolunay'da toprağa bırakmak üzere dilek çekmecenize koyun. Dolunay vakti şişeyi çıkarıp, ismini yazdığınız kişinin sevgisini dileyip gülleri ve suyu bir ağaç ya da toprak dibine bırakabilirsiniz.

Bu çalışmayı size uygun olmayan, evli ya da etik anlamda size yasak sayılabilecek kişilerle ilgili yapmak sizi akıl almaz bir olumsuzluğun içine sokacağından, lütfen masumane sevgiler ve mümkünse etik ilişkiler için uygulayın.

Dolunay Fazı

Dolunay safhasında ay 28 günlük turun yarısını tamamlamış ve 14. güne ulaşmış olur. Gökyüzünde yusyuvarlak bir hal almıştır ve tüm ışığını cömertçe yaymaktadır. Dolunay zamanı Ay, Dünya ile aynı derecede, Güneş'in ise tam karşısında yer alır ve Dünya'ya çok yakın olduğu için Dünya genelinde önemli olayların Dolunay vakitlerine denk geldiğine çokça şahit oluruz.

Takvimlerde Dolunay Fazı boş beyaz bir daire olarak resmedilir. Dolunay üzerine birçok efsane var ve yapılan bilimsel ve kriminal çalışmalar gösteriyor ki Dolunay tüm canlıları belirgin bir şekilde etkiliyor.

Dolunay zamanları cinayet, kavga ve küskünlüklerin arttığı polis raporlarında geçen bilimsel bir bulgu. Dolunay vakti kurt adama dönüşme hikâyesi de aslında Ay'ın bu vaktinin insandaki dürtüselliği artırdığına ve ne denli etkili bir duygusal geçiş yarattığına vurgu yapmak için ortaya çıkmıştır.

Doğum haritasına göre Ay'ın zayıf bir pozisyonunda ya da aksine Dolunay-Yeniay Fazı gibi çok etkili bir pozisyonunda doğmuş olanlar, haritasında Yengeç Burcu vurgusu olanlar (ki Yengeç Burcu Ay'ın ülkesidir) ya da Ay yükselirken doğanlar Dolunay günlerinde diğer insanlara nazaran daha fazla etkilenirler. Eğer dürtüsel ve kişisel gelişimi zayıf, aşırı empatik ya da fazla hassas biriyseniz Dolunay Fazı sizi biraz daha olumsuz etkileyebilir.

Aslında en başından beri vurgu yaptığım ruhsal bağışıklığı güçlendirmek konusu burada da büyük önem arz ediyor. Kişi ne kadar kişisel gelişimine katkı sağlıyor, ruhsal ve meditatif çalışmalarla ne kadar kendini geliştirip olgunlaştırıyorsa göğün enerjisini de benliğine o denli iyicil alacaktır.

Dolunay vakti uyuma zorluğu, stres, daha çabuk öfkelenme hali, kazalara yatkınlık ve duygusallık artacağından ve vücut ödem toplamaya müsait olacağından hafif beslenmek, bol su tüketmek ama bununla birlikte ödem attırıcı, idrar söktürücü takviyeler almak son derece yararlı olacaktır. Dolunay'da vücudu suyla içten ve dıştan temizlemek elzemdir. Yine bu günlerde oruç, meditatif çalışmalar ve inancına göre ibadet etmek kişiyi güzelleştirir, berraklaştırır ve negatif etkilerden korur.

Dolunay, alma evresinden verme, yani bırakma evresine geçiş zamanının hemen öncesidir. Büyüyen Ay Fazı'nda ortaya çıkan depolama, şişme, birikme hali zirve yapmıştır. Dolunay vakti bitkileri gübrelemek, ilaçlamak ekstra iyi sonuçlar verir. Fakat budama yapmak çok sakıncalıdır, bitkiyi örselemek, fazla ya da az sulamak öldürücü etki verebilir. Dolunay kimi zaman yıkıcı, kimi zaman ise sonuç veren bir etkiye sahip olduğundan doğru davranmak ekstra önem arz eder.

Şifalı bitkileri toplamak, kaynatmak bu vakitte daha etkilidir, şifa enerjisi zirve yapar. Özellikle kök bitkileri topraktan Dolunay vakti çıkarmak daha yararlı olacaktır. Şifalı bitkileri Dolunay vakti toplayıp Ay küçülürken de kurutup kullanıma hazır hale getirmek gerekir. Dolunay vakti yiyecekler normalden daha kısa sürede bozulabilir, etler şişer, bazı yiyecekler su ve küf tutabilir. Dolunay zamanları her şeyi taze tüketmek daha da önemli hale gelir. Dolunay vakti sadece insanlar değil, tüm sular, hayvanlar, bitkiler, bakteri ve mantarlar da çığırından çıkabilir. Bu çok normal. Dolunay vakti hırçınlaşan hayvanlarınıza sakinleştirici besinler ve veteriner hekiminizin onayladığı ilaç takviyeleri verebilirsiniz.

Dolunay vakitleri yoğun rüyalar, kabuslar artış gösterebilir, uyku sorunları çoğalır. Arzular ve duygular şelale olur, duygusallık ve melankoli artar, psikolojik rahatsızlıklar tetiklenebilir. Cesaret, maceraperestlik, yaralanmalar, kanamalar artar. Yaralar kolay kapanmaz, ameliyatlar için yine riskli bir evredir. Baş ağrıları ve kronik hastalıklar da Dolunay evrelerinde artış gösterir.

Yağlanma, ödem ve kilo artışı en çok Dolunay dönemi olur. Dolunay vakti oruç ve az kalorili beslenme ve hemen Dolunay gerçekleştikten sonraki gün diyete başlamak kilo verme sürecini hızlandırır.

Dolunay küçük tartışmaların kavgaya dönüşme riskini en çok taşıdığı dönemler olduğundan bu dönemde cahille sohbeti kesmek, gerilim yaratacak konuşmalardan uzak durmak önemlidir. Sakarlık ve kazaların da artması dolayısıyla dikkatimizi toplamak, temkinli olmak ekstra önem arz eder.

Dolunay vakti yapılacak tüm dua toplantıları, zikir, meditasyon ve manevi duyguları tetikleyecek çalışmalar her zamankinden daha güçlü ve tesirli neticeler verir.

Dolunay Zamanı Yapılacak Ritüeller

İmkânınız varsa toz misk alın ve bir parça gül suyu ilave ederek buhurdanlıkta ya da benmari usulüyle ocakta ısıtıp kokuyu evinize yayın. Bulunduğunuz odanın dört köşesine mavi, yeşil, beyaz ve kırmızı olmak üzere dört adet mum alın. Mumların her birinin üzerine Ay, Jüpiter ve Venüs sembolleri çizin ve yakın.

Mumları yakarken sağlık, sevgi, bolluk ve huzur enerjisini hayatınıza çekmeye dilinizle ve kalbinizle niyet edin.

Beyaz bir kâğıda kırmızı bir kalemle kurtulmak istediğiniz her şeyi yazıp yakın ve küllerini savurun. Adaçayı, lavanta tohumu ve hibiskus bitkilerini yakarak başka bir beyaz kâğıdı tütsüleyin ve üzerine yeşil bir kalemle sahip olmak istediğiniz tüm güzellikleri olumlama biçiminde ve bu defa zaten sahipmişsiniz gibi yazın. Örneğin zengin olmak istiyorsanız "Ben zenginim," şeklinde yazın. Yeşil kalemle yazdıktan sonra tekrar tütsüleyin ve rulo yaparak yeşil bir kurdele ile bağlayıp dilek çekmecenize sevgiyle, iyi niyetler alarak koyun.

Bir şişe saf gül suyunu ağzı açık şekilde bir gece Dolunay ışığında bekleyip ertesi sabah içine bin kez "Nur, Şems, Kamer Ya Rab," isimleri üfleyerek okuyun. Bittikten sonra yine gülsuyunun içine "Rabbin ışığı, ay ışığı, güneş ışığı, yıldız ışığı yüzümü ayın on dördü gibi parlat ve beni gören gözlerin gözüne güzelleştir," dedikten sonra artık güzellik iksiriniz hazır. Bunu yıllardır yapıyorum ve güzelliğim konusunda daima iyi geri dönüşler almama neden olmuştur.

Dolunay vakti şifalı taşlarınızı duru suyla yıkayıp kurulayın ve bir saksının dibine koyup Dolunay ışığında bir gece beklettikten sonra taşı elinize alıp sizde neyi şifalandırması gerekiyorsa onun için çalışmasını dileyerek ".... konu için kodluyorum," deyin ve kendi rengine uygun bir kumaşta saklayın. Taşlarınıza sizden başka kimse el sürmesin ve onları dilek çekmecenizde kendi renklerine uygun kumaşlarda saklamaya özen gösterin.

Hamile kalmak isteyen bir kadın bir ay taşı kolye alıp onu Dolunay gecesi duru suyla yıkadıktan sonra bir gece Dolunay'ın ışığında bekletir ve evlat sahibi olma niyetiyle tenine değecek biçimde üzerinde taşırsa çok güzel sonuçlar elde eder.

Hayatında aşk olmayan, aşk ilişkileri iyi gitmeyen bir kadın bir adet lâl taşı alır, yine duru suyla yıkadıktan sonra bir gece Dolunay'ın ışığında bekletir ve sonra bu taşı göbek bölgesine koyarak "Bende neyi şifalandırman gerekiyorsa şifalandır, kök çakramı arındır, doğru aşkı ve cinselliği kendime istiyorum, çekiyorum, iyi ki kadın yaratıldım, kadınlığımı seviyorum, rahmimi seviyorum," gibi sözler söyleyerek bir süre göbek bölgesinde gezdirdikten sonra kırmızı bir kumaşa sarar ya da kırmızı bir keseye koyar ve bunu yapmaya her gün devam ederse hayatında kısa zamanda aşk ve cinsellik ve hatta rahim sorunlarının şifaya kavuştuğunu görecektir.

Dolunay gecesi temiz bir suyu ay ışığında bekletip içine gerçek bir parça inci koyun. Bu suya her ne derdiniz varsa onunla ilgili okuma, olumlama ya da dua yapın. İnancınıza göre suyu kodlayın ve için. Hatta her Dolunay vakti bu suyu yenileyip isterseniz su ritüellerini de bu suyla yapın, göreceksiniz ki çok daha etkili olacak.

İki adet deniz kabuğunun birinin içine kendi adınızı, diğerinin içine ise sevdiğiniz ya da evlenmek istediğiniz kişinin ismini yazın. Kabukları açık olarak bir gece Dolunay ışığında bekletin, ertesi sabah kabukları birleştirip pembe ya da kırmızı bir kurdele ile bağlayın. Sevmeye, sevilmeye niyet ederek niyet çekmecenize koyun.

Küçülen Ay Fazı

Takvimde sol tarafı aydınlık, sağ tarafı koyu renkle sembolize edilir. Dolunay'ın ardından Ay sağdan sola doğru küçülmeye başlar, kalan 14 günlük süreç başlamıştır. Yine bir parça gerilim taşıyan, fakat en yüksek seviyeye ulaşmış olan Dolunay ışığını yayan evre olduğu için çok önemli bir dönemdir. Aslında Ay Dünya'ya en çok bu evrenin sonunda yaklaşmış olur. Bu faz biterken dinginleşir ve bir parça içe döneriz. Adeta uyumaya hazırlanmadan önceki aktivite saatleri gibidir.

Verme, kapanmaya hazırlanma, dışa atma, enerjiyi boşaltma zamanlarıdır. Enerji harcamak, spor yapmak, detoks yapmak, ter atmak bu dönemde daha hızlı ve etkili olur. Bu dönemde ılık duş almak ve ardından zeytinyağı ile tüm vücudu yağlayıp, terleyecek biçimde giyinip birkaç saat kalmak tüm vücudu şifalandırır.

Bu fazda beden güçlüdür, yaralar daha çabuk iyileşir, ameliyatlar için elverişli ve bedenimizin yaraları kaldırabileceği dönemdir. Kilo alımı bu fazda yavaşlar ve kilo vermek daha kolaydır. Kanamalar azalır, yara merhemleri ve ilaçlar çok daha hızlı etki eder, sivilce tedavileri ve leke tedavileri için elverişlidir. Akapunktur, lavman, sauna, hamam ve buhar bakımları, ilaçlı tedavi edici masajlar için yine bu fazı değerlendirmek güçlü sonuçlar verir.

Kökleri, sebze ya da otları Dolunay vakti toplamadıysanız bu evreyi değerlendirebilirsiniz. Toprak bizden aldıklarını bu evrede geri verir. Tohum toplamak, çiçek toplamak için en uygun dönemdir. Toplama, saklama, kurutma, salça ve kuru sebze hazırlamak için en elverişli dönemdir.

Balsamik Faz

Yeni bir Ay döngüsüne girmeden evvel Ay'ın iyice küçüldüğü ve adeta doğumdan önceki son evreyi anlatan bir dönemdir. Samhain vakti, cadıların ve Pagan rahiplerin ayinlerinin anlam kazandığı zamandır. Güçlü bir doğuma hazırlık, akışa bırakma ve artık yanlış, işe yaramaz, hizmeti biten her işi bitirme vaktidir. Ay Balsamik Faz'da iken dünyevi meseleler açısından verimsizdir. Sezgi gücünün çok yoğun olduğu, mana dünyasına hitap eden fakat madde dünyasına hitap etmeyen, iç sıkıntısı yaşadığımız vakitlerdir. Ay Balsamik Faz'dayken daha çok içe dönmek, uyumak, bol bol dinlenmek ve yeni döngüye hazırlık yapmak yerinde olur. Önemli konu ve işleri bekletmek ve Yeniay sonrasına bırakmak doğru olandır. Balsamik Faz zamanları dinlenmeye ve akışta kalmaya gayret etmelisiniz.

Balsamik Faz Ritüeli

Beyaz bir mum alın ve üzerine kurtulmak istediğiniz ne varsa kazıyarak yazın, sonra mumu yakın ve musluğu açın. Size hizmet etmeyen, değişmesi gereken ne varsa, değiştiremediğiniz kişi ve koşullar için ilahi sisteme güvenmeyi ve akışa bırakmayı seçin. Bitirmek ve yeniden başlamanın kuvvetli enerjisi üzerine düşünmeye gayret edin ve sezgilerinizin kuvvetlenmesine, doğru cevapların içinize dönmesine niyet edin. İlahi sisteme teşekkür edin ve akışta kalmaya niyet edin, ellerinizi, yüzünüzü suyla ıslatın ve suyu bir dahaki sefere yeni başlangıçlara, doğru adımlarla değişime açık ve mutluluğa hazır olduğunuzu ifade ederek kapatın.

Ay'ın Dört Element Üzerindeki Etkisi

Her burç gökte bir ülke gibidir ve bu dev ülkelerin kendilerine has iklim, element ve nitelikleri vardır. 12 burç, 4 element, 3 nitelik ve Ay'ın bu burçları gezerken onlardan akıtıp bize yansıttığı enerji tüm günün akışını planlayan kuvvetli ve hızlı bir kurgulama gibidir.

Ay doğası gereği geceye, edilgen ve dişil olana, kadınlara, aile, annelik, hormonlar, sıvılar, duygular gibi konulara ve bilinçdışına atıfta bulunur ve bu konu başlıklarını temsil eder.

Sıcak ve nemli yengeç burcu ülkesinin sahibesi ve kraliçesidir. Dolayısıyla su elementi burçlarda rahat ederken ateş elementi burçlarda aynı rahatlığı sergileyemeyebilir. Şimdi Ay hangi burçta ne gibi etkiler yayar, nelerden ne zaman kaçınmalı ve ne zaman hangi konuda harekete geçmeliyiz, biraz daha kapsamlı irdeleyelim.

Ateş Elementi: Koç, Aslan ve Yay Burçlarında Ay

Ay ateş elementi burçlarda seyahat ederken akut ve ateşli hastalıkları tetikleyebilir. Enerjimiz hat safhada yüksektir, fazla cesaret kalp damar ve kan sorunlarını tetikleyebilir.

Ateş elementi sıcak, yakıcı ve kurudur; dolayısıyla Ay'ın beklenti ve yönelimleri ile uyuşması da zordur. Gelişmeler hızlı ve şaşkınlık verici şekilde ilerleyebilir. Fazla cesaret ve ateşlilik zarar getirebilir. Ay ateş burçlarındayken kazalar ve akut sorunlar daha da güçlü bir hal alır. Bu yüzden acelecilikten ve kavgacılıktan uzak durmak elzemdir. Ay ateş elementi burçlarındayken dışavurumcu oluruz; heyecan, aksiyon, öfke, hırs, kibir ve dürtüsellik yoğunlaşır. Havalar nasıl olursa olsun, bizim içimiz kaynar ve sosyalleşme, hareket etme isteği duyarız.

Toprak Elementi: Boğa, Başak ve Oğlak Burçlarında Ay

Toprak elementi soğuk ve kuru bir mizaca sahiptir. Pasif, edilgen ve dişil bir enerjiye sahip olması Ay'ın doğasıyla uyuşur, fakat maddeye tutkun olma hali duyguları örseler. Ay bu burçlardayken melankoli ve huzursuzluk hissi artabilir. Obsesiflik, detaycılık ve eleştirel olmanın boyutları büyür. Genel olarak mükemmeliyetçilik ve memnuniyetsizlik günleridir diyebiliriz.

Duygular hep kendini sağlama almak üzerine ilerler, sağlamcılık hissi bizi güvende tutar, bilinmezliğin bizi daha da huzursuz ettiği; maceraperestlikten uzak durmak ve hesabımızı bilmek istediğimiz günlerdir. Her ne olursa olsun, Ay toprak elementi burçlardayken başladığımız işi bitirir ve en temiz biçimde neticelendirmeye muktedir oluruz.

Kan akışı yavaşlar, pıhtı atma riski yükselir, sindirim-boşaltım, cilt ve beslenme kaynaklı sorunlar artabilir, böbrek taşları artar ve tetiklenebilir, romatizmal ve psikolojik sorunlar depreşir. Yeni koşullara adapte olmak güçleşir, sabır ve zamanla yeniliğe adapte olabiliriz. Çılgınlık yapmanın olumsuz sonuç vereceği ve genellikle korkutucu hissettireceği zamanlardır.

Hava Elementi: İkizler, Terazi ve Kova Burçlarında Ay

Hava elementi burçlar ılık ve nemli bir mizaca; eril ve dengeleyici özellikte, canlı, hayat dolu, harekete geçirici ve hayat veren bir enerjiye sahiptirler. Fakat Ay doğasına uymayan bu elementin burçlarından geçerken verimsiz hale gelir. Genel olarak sosyal ve hareketli hissetsek bile duygularımızın huzurlu olması ancak fazla düşünmemeye bağlı olabilir. Zihnin, zihinsel faaliyetlerin, birleşmenin ve sosyalleşmenin günleridir. Aklımız daha fazla çalışır. Bol bol konuştuğumuz, hem entelektüel hem de dedikoducu olduğumuz günlerdir. Aslında Ay bilinçaltımızı da yönettiği için bilinçdışı rahatlamak için konuşmaya ve anlatmaya ihtiyaç duyarız. İletişim kurmak bizi dengeler ve konuşarak, okuyarak, yazarak adeta topraklandığımız günlerdir. Beyin fırtınası, fikir teatisi ve organizasyonların düzenlenmesi için en uygun günlerdir.

Sinirsel rahatsızlıklar, nörolojik problemler, ruhsal sorunlar Ay hava elementi burçlardan geçerken tetiklenebilir. Hava esintili, rüzgârlı olabileceğinden gaz sorunları ve sancılar da artabilir, tedbirli olmak gerekir. Kol ve bacaklarda, baldırlarda, ellerde hassasiyet artar, böbrek ve böbreküstü bezlerin salgılarını da kuvvetlendirdiği için korku, evham, endişe gibi duygulardan bu günlerde uzak kalmak gerekir.

Kararsızlık ve net olamama hali endişe yaratabilir. Sevgi alışverişi için uygun günler olmayabilir, sevildiğimizi hissetmekte zorlanabiliriz. Bu dönemlerde sosyalleşmek ve yalnız kalmamak en iyi çözümdür.

Su Elementi: Yengeç, Akrep ve Balık Burçlarında Ay

Su elementi nemli ve soğuk bir elementtir. Su en verimli, doğurgan element olmakla birlikte, aşırı duygu yoğunluğu, mızmızlık, yavaşlık, dişilik, edilgenlik gibi özellikler taşır. Ay su burcu burçlardayken daima evindedir. Sezgiler güçlü, duygular yoğun, maneviyat yüksek ve ulvi hisler birikmiş durumdadır. Bedenimizin su ihtiyacı içten ve dıştan artar. Hormon sorunları artar; kasık bölgesi, memeler, mide, salgı ve lenf bezleri hassaslaşır. Sıvı salgılayan tüm organlar ekstra hassas olur.

Huzurun dua, ibadet ve meditatif çalışmalarla, bedensel ve cinsel temasla, yoğun duygu içeren cinsel birleşmeyle bulunduğu günlerdir. Bebeklerde ve çocuklarda da dokunulma hissi huzur verir, bu günlerde huzursuz hisseden çocuklara daha içten ve sık sık sarılarak huzur vermek kolaylaşır.

Sahiplenildiğini bilme hissi ve duygusal olarak güvenli ortamlarda olduğumuzu bilmek tüm canlılar için rahatlatıcıdır. Bizi sevdiğine inandığımız insanlarla, ailemizle, sevdiklerimizle bir arada olmak en çok bu günlerde huzur verir.

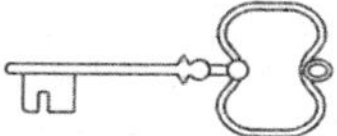

Ay'ın Burçlara Göre Konumu

Ay Koç Burcunda

Ay Koç burcunda iken meyve veren bitkilerin ekilmesi uygun olur. Bitkilerin şifası ve gücü meyvelerinde toplanır. Meyvelerin hem besin değeri, hem de lezzeti daha fazla olur. Ayrıca protein bakımından zengin beslenmek yararlı olur. Sağlıklı yağlar ve enerji veren besinler tercih edilmelidir. Ay Koç burcundayken evimizi havalandırmak önemlidir, reçel ve marmelat gibi meyvelerle yapılan tüm yiyecekler için uygun günlerdir.

Öncü nitelik ve ateş elementi olan Koç burcunda Ay epeyce zorlanır. Onun dişi doğasına aykırı, eril, etken ve çarpıcı enerji açığa çıkar. Sabırsızlık, isteklilik, düşünmeden hareket etme hali, kavgacılık, kaza ve kanamalar ve hatta yanıklar bu günlerde artış gösterebilir. Bu günlerde tedbirsiz ve hırslı olmamak gerekir. Sabırlı, dikkatli olmak ve enerjiyi doğru kullanmak gereken günlerdir. Duygular saman alevi gibidir, ne zaman parlayıp ne zaman söndüğünü bilmek mümkün olmaz. Önyargılı olmak sorun yaratır ve kavgaya hazır insanlar en çok bu günlerde karşımıza çıkar. Akut ve ani olayların yaşandığı günlerdir. Ay'ın Koç burcunda olduğu günler narçiçeği, kızıl, kırmızı renklerin hâkim olduğu günler olmakla birlikte öfke ve gerginliği tetikleyeceği için bilhassa bu günlerde bol su tüketmek, kıyafetlerimizde kırmızıların arasına mavi ve yeşil renkler ilave etmek dengeleyici olacaktır.

Baş bölgesi ve baştaki tüm uzuvlar Ay Koç burcundayken zayıf olacaktır. Ay Koç burcundayken migren, sinüzit ve kronik baş-göz ağrıları tetiklenir. Baş bölgesiyle ilgili ciddi operasyonlar bu döneme denk getirilmemelidir. Tedaviler için uygundur, fakat ciddi operasyonlar için riskli kabul edilir. Uykusuzluk, aşırı efor ve hareket artışına bağlı baş ağrıları da yaşanabilir.

Cinsel enerji de öfke enerjisi gibi yoğun olur. Flörtler için uygun günlerdir, fakat ailevi ilişkiler ve sosyal ilişkilerde gerginliklerin kolaylaşabileceğini unutmamak gerekir. Spor faaliyetleri, dans, dövüş sporları için uygun günlerdir, fakat kaza ve sakatlık riskine karşı tedbirli olmak da elzemdir. Girişim, başlangıç, cesaret ve aksiyon gerektiren her konu için başarı vadeder. Ay Koç günleri çekimler, oyunlar, tanıtımlar, açık arttırmalar ve hızlı netice vermesi istenen konular için değerlendirilebilir.

Ay Boğa Burcunda

Ay Boğa burcundayken diğer burçlarda olduğundan çok daha rahat eder. Ay'ın vadettiği ne varsa bu burçtayken ortaya çıkar. Rahatlığın, konforun ve bedensel zevklerin günleridir. Hedefe odaklı, sağlamcı ve konfor düşkünü olduğumuz günlerdir.

Ay Boğa burcundayken iştahımız artar, şuursuzca yeme ihtiyacı hissedebiliriz, aşırı yemekten kaynaklı şeker hastalığı ve insülin sorunları da tetiklenebilir. Karbonhidrat ihtiyacının arttığı günler olmakla birlikte, şeker tüketimi abartılmamalıdır.

Vücudun tuz ve minerallere olan ihtiyacı artar, içinde şekeri az olan kök bitkiler ve sebze tüketimi faydalı olacaktır. Sığır etinden uzak durmak çok büyük önem arz eder. Rehavet çökmesi kaçınılmazdır.

Boyun, ense ve boğaz bölgemiz çok hassas olur. Bademciklerin şiştiği, ses kısılması ve boyun tutulması vakalarının arttığı günlerdir. Beyincik ve âdemelması, ayrıca çene ve tiroit bölgesini de zayıflatan günlerdir. Ay Boğa burcundayken boyun, boğaz ve ensedeki tüm organlar tedavi edilmeye başlanabilir, tedavi edilebilir, desteklenebilir, fakat bu bölgelerin ciddi ameliyatları bu günlere denk getirilmemelidir.

Toprakla uğraşmak, ekim yapmak, bitkileri budamak, bakım yapmak ve gübrelemek yerinde olur. Bolluk ve bereket bu günlerde artar. Temizlik yapmaya elverişli günler değildir. Ev işleri zulüm gibi gelir.

Para-finans işlerine yoğunlaşmak için doğru vakitlerdir. Pırlanta, elmas, menkul kıymetlerle ilgili harekete geçebiliriz. Yemekli davetler, kadınlar, estetik, sanat ve beslenmeye dair tüm organizasyonlar, restoran açılışları için en ideal günlerdir. Aile içinde huzurun hakim olduğu bu günler aile yemekleri düzenlemek, nişan, söz, evlilik için uygundur. Huzurun, dinginliğin, bedensel hazların ve bütçe planlamanın günleridir.

Ay Boğa burcundayken yeşilin her tonu, bebek pembesi ve bebek mavisi renkleri tercih etmek günün enerjisiyle uyum içinde olmamızı sağlayacaktır. Zümrüt ve yeşim taşları kullanabiliriz.

Ay İkizler Burcunda

Deyim yerindeyse ikircikli bir ruh hali ve kararsızlığın günleridir. Çok yönlü, becerikli, konuşkan; fakat sürekli karar değiştiren, yüksek bir enerji içinde olabiliriz. Olmadık haberlerin yayıldığı, toplumda haber ve habercilerin ön plana çıktığı, eğitim, öğretim, internet ve medya konularının ağırlık kazandığı, tutarsız ve rengi belli olmayan günlerdir. Dedikoduların çok çarpıcı olduğu günler olduğu için dilimize ve konuştuklarımıza dikkat etmek önemlidir. Elbette duyduklarımızı aktarmakla ilgili de ekstra dikkat etmemiz gerekir. Evimizi detaya inmeden temizlemek, havalandırmak ve tozlardan arındırmak için en elverişli günlerdir. Ticaret, eğitim ve iletişime dayalı her konuda harekete geçmemiz yerinde olur.

Hava rüzgârlı ve değişken olur. Akciğerlerimizin rahat etmesi her zamankinden daha önemlidir. Bu günlerde nefes egzersizleri yapmak ve temiz hava almak iyi gelir. Bronşlarla ilgili sorunlar da en çok bu dönemde artar. Kaliteli yağlar tüketmek bu günlerde önemli hale gelir. Nargile ve sigara tüketiminin, duman zehirlenmesi gibi vakaların arttığı zamanlardır. Sigarayı bırakmak isteyenler Ay İkizler burcunda yeniay olduğu vakitleri takip edebilirler. Üst solunum yolları ve akciğerlere özen göstermek de şarttır.

Omuz ve kollarda tutulmalar olur, el, kol ve omuz masajı yaptırmak bu günlerde harika etki edecektir. Vücutta dolaşan ağrılar, değişkenlik gösteren sızılar da en çok bu dönemde baş gösterir. Fakat bu bölgelerle ilgili riskli operasyonlar bu günlerde önerilmez.

Şizofreni ve kişilik bozukluğu gibi vakalara ekstra dikkat edilmesi gereken günler de yine Ay'ın İkizler burcunda olduğu günlerdir. Çevremizde bu tür hastalığı olan yakınlarımıza bugünlerde ekstra özen göstermemiz gerekir.

Açık sarılar ve açık maviler, krem, kırık beyaz gibi renkler Ay İkizler burcu günlerinin enerjisini destekler. Araya serpiştirilen siyah renkler daha kararlı bir yapı çizmemizi kolaylaştıracaktır.

Ay Yengeç Burcunda

Ay Yengeç burcundayken kendi tahtındaki kraliçe gibidir. Aile bağlarının güçlendiği, maneviyatın ve geleneksel duyguların yükseldiği, doğurganlığın, ait olma, sevme, sevilme, besleme ve doyuma ulaşma arzularının hat safhada arttığı, duygusal güvencede olma ihtiyacımızın ve merhamet etme halinin her şeyden önemli olduğu günlerdir.

Mide, meme, hem akciğer, hem de karaciğer bu günlerde hassas olur. Mide sorunları artış göstereceği için yediklerimize her zamankinden daha çok dikkat etmemiz gerekir.

Karbonhidrat tüketimi dengelenmelidir. Yumurta tüketiminin ekstra fayda sağlayacağı günlerdir. Hafif ve az beslenmek yerinde olacaktır. Kadın cinsel organı, genel olarak hormonal sorunlar ve üreme organlarıyla ilgili problemler bu dönemde artış gösterebilir.

Üzülmek, hassasiyet bu günlerde daha zararlıdır. Bu günlerde yaşanan aşırı duygusallık ve hassasiyet mideye ve üreme organlarına daha fazla zarar verebilir. Restoran kafe, yemek işletmeleri, anaokulu ya da kreş gibi kurumlar açmak için, tüp bebek tedavisi başlatmak için uygun günlerdir. Banyo, tuvalet gibi bölgelerin temizliği, yatak çarşaflarını değiştirmek, yatak odalarını havalandırmak, çamaşır yıkamak için uygundur. Fakat yer, parke, ahşap temizlemek için uygun günler değildir.

Ailevi her konuyu çözmek, aile toplantıları, nikâh, düğün organizasyonları, aile büyükleriyle tanışma, bir araya gelmek için, aile olmanın güzelliğini vurgulayacak akşam yemekleri hazırlamak için uygundur. Mümkünse bu günleri sevdiklerimizle geçirmek önemlidir.

Ay Yengeç burcundayken beyaz renkler giymek günün enerjisine uygun bir esinti yayacaktır. Gümüş takılar ve inciler bu günlerde enerjinizi harika hale getirecektir.

Ay Aslan Burcunda

Duygular ve bilinçaltı tüm çıplaklığıyla riyasız biçimde ortada olur. Işıldamanın, ihtişamlı olmanın iyi hissettirdiği günlerdir. Saç bakımı, saç kesimi ve saçlarımızla ilgili tüm işlemler için uygundur. Yeniay ya da hilal fazında saçlarımızı kestirmek daha gür uzamasını sağlar. Küçülen Ay fazında iken bakım maskeleri yapmak etkili olacaktır.

Kalbimiz, sırtımız, mide duvarı bu günlerde hassaslaşır. Kan dolaşımı ile ilgili tüm sorunlara karşı tedbirli olmak, mümkünse bol sıvı tüketmek gerekir. Bu günlerde sırt masajı yaptırmak, rahatlamak ve keyif yapmak önemlidir. Kalp ameliyatları için bu zamanlar risklidir. Buna karşın kalp tedavileri ve kalp doktoruna görünmek için uygundur. Kalbi yormayan aktiviteler ve yiyecekler tercih etmek yerinde olur. Bu günlerde az yağlı yemek, protein bakımından zengin beslenmek yararlı olur.

Liderlik, yönetim ve sahne gerektiren her konuda harekete geçebiliriz. Sosyalleşmek, sanatsal aktiviteler, tiyatro gösterileri izlemek ya da hazırlamak, sahne işleri için harika ve elverişli günlerdir. İddialı ve neşeli olduğumuz, cömert ve alicenap insanlarla karşılaşma olasılığımızın yüksek olduğu vakitlerdir. Ay Aslan burcundayken altın alıp satmak için uygundur. Altın takmak iyi gelir. Canlı parlak sarılar ve turuncular giymek bu günlerin enerjisini destekleyecektir.

Ay Başak Burcunda

Bu günler temizlik yapmak, detay gerektiren her işe girişmek, ütü, ofis ve ev dizaynı, evrak düzenleme gibi işler için paha biçilmezdir. Etkili ve kalıcı temizlik işleri için muhakkak Ay'ın Başak burcunda olduğu günleri tercih etmek gerekir. Mevsimsel temizlikler, yazlık-kışlık ayırma, eskileri ayıklama, düzenleme için en uygun günlerdir.

Çalışanlarla görüşmek, evcil hayvan almak ya da sağlık, diyet ve egzersizlere başlamak, doktor kontrolleri, ecza ve ilaç işleri için uygun zamanlardır. Ay Başak burcundayken bağırsaklar hassaslaşır. Gaz ve kabızlık ya da tersine ishal gibi durumlar artar. Yediklerimizin kabuksuz ve hafif olmasına ekstra dikkat etmemiz gereken günlerdir. Ayrıca apandisit ve pankreas da zayıflar. Bu bölgelerin tedavileri için elverişlidir, fakat bu bölgelerle ilgili riskli ameliyatlar için uygun değildir.

Ay Başak burcundayken fazla eleştirel, memnuniyetsiz ve mükemmeliyetçi olabiliriz. Bu da huzursuz bir ruh hali içinde olmamıza sebep olabilir. Takıntılar bu dönemde artar. Obsesif kompulsif sorunlar tetiklenir. Çalışkan olmamızın önemli olduğu günlerdir.

Bu günlerde yeşilin her tonu ve toprak tonları iyi enerjiler içinde olmamızı kolaylaştıracaktır. Akik taşı kullanmak her zamankinden iyi gelecektir.

Her türlü bahçe ve toprak işi için uygundur. Bu günlerde toprağa bereket niyetiyle buğday ekmek bereket enerjisini evlerimize yayacaktır. İş başvuruları, para, finans konuları ve bütçe yapmak için de uygun günlerdir. Kitap okumak, eğitimler, ders çalışmak, odaklanmak, matbaa işleri için de harika günlerdir.

Ay Terazi Burcunda

İlişkilerin ön plana çıktığı, uyum ve nezaket enerjisinin yayıldığı günlerdir. Günün hali belirsiz, kararsız ve dengesiz olabilir. Ben-sen dengesini kurmak zorlaşır. İşbirliği yapılan ve ortaklı her işte başarı vadeden, nazik ve düşünceli oldukça verim alacağımız günlerdir.

Böbrekler, mesane ve bel bölgesi iyice hassaslaşır. Bu bölgelere ekstra dikkat etmek, bol su tüketmek ve idrar yollarını korumak bu günlerde ekstra önem arz eder. Hava genelde açık, ferah ve hafif rüzgârlı olur. Üşütmek bu günlerde daha kolay olduğu için korunmak önemlidir. Sağlıklı yağlar ve az tuz tüketmek gerekir.

Bugün yine toz almak, evi ve yatakları havalandırmak önemlidir. Bahçe işleri için elverişsizdir. Tiyatro, opera, sahne işleri ve sanat faaliyetleri, düğünler, nikâh, davet, balo ve kutlamalar için birebir günlerdir. Kıyafet almak, sanatsal aktiviteler, ev ve gardırop düzenlemeleri için, terzi işleri ve elbise alışverişi için uygundur. Bu günlerde zevkimize hitap eden giyecekleri daha kolay bulabiliriz. Açık yeşiller, pastel tonları iyi gelir ve mümkünse şık, kaliteli giyinmek daha etkili olmamızı sağlar.

Ay Akrep Burcunda

Ay bu burcun dişil ve nemli doğasını sevse bile bu burçta rahat edemez. Zaten duygusal olan bir enerjinin duyguların girdabında boğulma riski taşıdığı günlerdir. Kin, intikam ve hırs duyguları, aşırı tutkulu bir tavır yoğunlaşır. Erotik, dürtüsel, fazla derin olma hali artar. Sezgilerin hat safhada yoğunlaştığı ve keskinleştiği zamanlardır.

Bu günlerde en çok cinsel organlar hassaslaşır. Doğurganlık veren ama aynı ölçüde hamilelik sürecini de sarsabilecek günlerdir. Cinsel yolla bulaşan hastalıklar ve enfeksiyonlar bu günlerde daha çok güçleneceğinden ekstra dikkatli olmak gerekir. Cinsel arzular ve olumsuz açılar altında taciz riski artar. Cinsel hazzın şifayı da beraberinde getireceği günlerdir. Jinekolojik ya da ürolojik muayeneler için elverişli zamanlardır, fakat bu bölgelerin riskli ameliyatlarından kaçınmak gerekir. Cinsel terapileri, cinsel sorunlarımızı çözmek için tüm spritüel ya da bilimsel çalışmaları bu günlere denk getirirsek her zamankinden daha çok verim elde etmiş oluruz.

Hava nemli ve yağışlı olabilir, üşütme kaynaklı hastalıklara ekstra dikkat etmek elzemdir. Bu günlerde karbonhidrat tüketmek iyi hissettirebilir. Bilhassa toprağın altında yetişen kök bitkiler, yer elması, patates, soğan, semizotu, ısırgan, ıspanak ve buğday ürünleri tüketmek iyi gelecektir.

Ay Akrep burcundayken çamaşır yıkamak, kuru temizleme ve leke çıkarma, halı temizliği, ağda ya da lazer epilasyon yaptırmak ve ilaçlı her tür tedavi uygundur. Şifalı bitkiler, şifa içeren her yiyecek ve ritüel bu günlerde iki katı etki eder. Maji çalışmaları, ritüeller, medyum enerjisi olan insanlarla bir araya gelmek, aile dizilimi, regresyon ve günümüzde güncel olan tüm şifa teknikleri için uygun günlerdir. Spritüel tüm aktiviteler için uygundur.

Ay Akrep burcundayken siyah, bordo, koyu kırmızı ve koyu mavi, lacivert renkler kullanılabilir. Lâl ve mavi lapis taşı kullanmak da günün enerjisini destekleyen bir enerji oluşturacaktır.

Ay Akrep burcundayken çiftler arası soğukluğu giderecek minik bir ritüel iliştiriyorum yazıma, mutlaka deneyiniz:

Eşiyle, partneriyle cinsel problemi olanlar ya da sevgi alışverişinde problem yaşayanlar, soğukluk hissedenler, Ay Akrep burcuna girdiğinde güzel bir duş alın; duşun sonunda bir şişe alkolsüz gül suyunu tüm bedeninize boca edip, onunla yıkanıp duştan çıkın ve çıktıktan sonra el bileklerinize birkaç damla saf gül yağı döküp bilekleri ovun. "Saf sevgiyi almaya, bedenime yaymaya ve onu ... (partnerinin ismini ve soy ismini zikrederek) akıtmaya niyet ediyorum," dedikten sonra partnerinizle cinsel birliktelik yaşayın ve tam birleşme esnasında ve sonrasında da içinizden bir kaç kez "Seni rahmimle şifalandırmaya ve saf sevgimle senin hem enerji, hem madde bedenini sarmaya niyet ediyorum. Benim rahmim şifa ve saf sevgiyle dolu. Şükürler olsun," cümlelerini kurun.

Kadının rahmi saf sevgiyle ve şifayla dolu koruyucu bir yuva, bir geçiş kapısıdır; onun şifasını bilmek kadının kendini onurlandırması ve bu enerjiyi etrafına da güçlü bir biçimde yayması demektir. Gül de saf sevgi frekansında bir çiçek olduğu için onun enerjisinden de yardım almış oluruz.

Ay Yay Burcunda

Ay Yay burcunun doğasıyla pek fazla bağdaşmasa da burada hareketli, açık yürekli, filozof, inançlı bir enerjiyi bize akıtır. Hareketleniriz, spor yapma, dans etme ve doğada yürüme isteğimiz artar ve tam da bu aktiviteler için uygun günlerdir.

Basen, baldırlar, toplardamarlar, atardamarlar, kaslar, sinir sistemi ve kalça bölgesi bu günlerde zayıflar, bu sebepten bu bölgelere masaj yaptırmak ekstra rahatlatıcı olacaktır. Yürüyüş ve spor aktiviteleri esnasında biraz daha dikkatli olma gerekliliği doğar. Zorunlu olmadıkça yine bu bölgelerde riskli ve önemli ameliyatlar için mümkünse Ay'ın Yay burcundan çıkmasını beklememiz gerekir.

Seyahatlerin ve yollara düşmenin de vaktidir. Hava şartları bu günlerde değişken olur, bu sebepten geziler esnasında mutlaka yanımıza yedek hırka ya da ihtiyaç duyduğumuzda üşümemizi engelleyecek giyecekler, boyunluk gibi destekleyici malzemeler almamız kurtarıcı olacaktır. Yine spor ve seyahat malzemeleri almak, spora başlamak için de bu günleri tercih etmeliyiz. Sırt ve siyatik ağrıları için de bu günler önlemlidir.

Protein ve taze sebze meyve tüketmek, alerji tetikleyici gıdalardan uzak durmak yerinde olur. Ev işlerinden ziyade gezmek, yürümek, dışarda vakit geçirmek, evdeysek bile evi havalandırmak, eşyaların yerini değiştirmek için uygun günlerdir. Dini ve felsefi etkinlikler, uluslararası işler ve toplantılar, yabancılarla ve farklı kültürlerden kimselerle yapılacak tüm aktiviteler için yine Ay'ın Yay burcunda olduğu günleri değerlendirebiliriz. Kapıların açıldığı, umudun içimize dolduğu, genel olarak hayırlı ve bereketli günlerdir.

Meyve sebze ekmek, bahçemizi zararlı otlardan temizlemek, kuru dal ve yaprakları ayıklamak, meyve toplamak için de uygundur. Toptan alımlar, ithalat-ihracat ve büyük ticari girişimler için de bu günler bereketli ve verimli kabul edilebilir.

Ailevi ilişkilerde daha iyicil, iletişimci ve umutları yeşerten bir hava oluşur. Patavatsızlığın dozu artsa da bir parça dikkatle bu neşeli günler muhakkak güzel geçecektir. Yine hukuki ve akademik konuları ele almak, eğitim ve sınav başvuruları, hukuki başvurular, seyahat başvuruları ve işleri için de Ay'ın Yay burcunda bulunduğu zamanları değerlendirmek gerekir.

Mor ve koyu mavi renkler giyinmek, ametist, mavi lapis gibi taşlar kullanmak da bugünlerde daha iyi hissettirecektir.

Ay Oğlak Burcunda

Ay Oğlak burcunda rahat edemez. Ay bir kutsal ışık olarak ne istiyor ve neye meyilli ise Oğlak burcu ülkesi bunun tam tersi arzu ve beklentilere sahiptir. Ay burada kendini yoksun ve kısıtlanmış hisseder. Duygular, istekler, bilinçaltı baskı altındadır, kişi kendini sevginin olmadığı ve baskı dolu bir ortamda hisseder.

Ay burcu doğum anında Oğlak'ta olan kişiler için annelerinden verim almak zorlaşacaktır. Bir sebepten sevgiyi alıp vermek konusunda zorlanmaları normaldir. Duygusal olarak güvencede hissetmezler. Duygulara şüphe ve güvensizlik dâhil olabilir. Ay'ın Oğlak'ta olduğu günler iç sıkıntısı hissi daha yoğun hissedilir.

Yapılacak işlerin sorumluluğu içimizi karartabilir, sürekli sonuç odaklı kişilerle bir arada olabiliriz, rahatlamak güçleşir.

Buna karşın Ay Oğlak burcundayken sahteliklere yer yoktur, o günlerde sert bile olsa yol gösteren ve olgun kimselerle daha çok karşılaşırız ve onlara kulak vermek bize yarar sağlar. Sorumluluklarımıza odaklanmak, ince işleri, hesap işlerini halletmek için uygundur.

Gelecek planlamalarımızı daha sağlam ve gerçekçi yapmak imkânı bulabiliriz. Bu günlerde obsesif kompulsif bozukluğu olan yakınlarımıza daha şefkatli ve anlayışlı olmamız gerekir, huzursuzluğun arttığı bu günlerde melankoli, inatlaşma ve sevgisizlik hissi de artabilir. Karamsarlık artar ve kişilerin hayatın gerçekleri karşısında daha çaresiz hissettikleri zamanlardır. Bu günlerde huzursuzluk hissine karşı sevdiklerimize bol bol sarılmak da iyi hissettirecektir. İçe karartan bir etki verdiği için aydınlık ortamlarda bulunmak, detaylı işler yaparak fazla düşünmemek yerinde olacaktır.

Cilt problemleri artabilir, dişler, diz ve kemikler her zamankinden hassas olur. Bu günlerde bol yoğurt tüketmek, D vitamini almak, mümkünse biraz güneş banyosu yapmak şifa verecektir. Cilt bakımı, diş kontrolü ve temizliği için en uygun günlerdir. Dizleri yormaktan da kaçınmak gerekir. Bu günlerde az tuz tüketmek, soğuktan korunmak, ani hareketler yapmamak gerekir.

Bahçeyle ve toprakla uğraşmak, bitkileri ilaçlamak ve ayıklamak, kök bitkileri ekmek ya da toplamak için uygun günlerdir.

Soğuk rüzgârların ve anlayışsızlığın yoğunlaştığı günlerdir, bu sebepten önemli aile meselelerini bu güne denk getirmemek yerinde olur. Böyle konular için Ay'ın Yengeç, Boğa, Balık burçlarında olduğu günleri tercih edebilirsiniz. Eğlenceli aktiviteler ve parti organizasyonları için de uygun günler değildir.

Para, finans ve kariyer konuları, devlet işleri ve başvuruları, siyasi, ekonomik ve politik konular, hesap-maliye konuları ve başvuruları, vergi işleri, inşaat işleri, ciddi biçimde ele alınması gereken konular, matematik, mimarlık ve mühendislik işleri için en uygun günler Ay Oğlak günleridir diyebiliriz.

Akik kullanmak, her ne kadar koyu renklerin günleri olsa da beyaz, krem, inci tonu renkler kullanmak, parlak ve zarif takılar tercih etmek iyi hissettirecektir. Bu günlerde eliniz muhakkak toprağa değsin ve mümkünse güneşlenin, eğer güneşin olmadığı bir gün ise internet yoluyla güneşin doğuşunu gösteren videolar izleyin, güneş görsellerine bakmak için kısa da olsa vakit ayırın, iyi hissettirecektir.

Ay Kova Burcunda

Ay Kova burcunda da, tıpkı Oğlak burcunda olduğu gibi rahat edemez. Ay duygulara yer olmayan bir ülkeye gelmiştir ve onun ait olmak isteyen doğasının aksine, özgürlükçü ve rasyonel bir yerde bulunmaktadır. Ay Kova günleri dostluğun, arkadaşlığın ön plana çıktığı, mantığın ve rasyonelliğin günleridir. Bireyin değil de bütünün hayrı ön plandadır. Eğer dost toplantıları, grup organizasyonları, kulüp-dernek açılışları düzenlemek ya da sosyal sorumluluk projeleri başlatmak istiyorsanız Ay'ın Kova burcunda bulunduğu günleri tercih edebilirsiniz. Yardım kampanyaları ve toplumsal konulara dikkat çekmek istediğimiz zamanlar için de Ay'ın Kova burcunda olduğu zamanları değerlendirmeliyiz. Temiz hava ve mümkünse yalnız kalmadan, dostlarımızla geçireceğiniz günler olmalıdır.

Ay Kova burcundayken varisler azar, alt baldırlar hassaslaşır, toplardamarların en kritik hassasiyete sahip olduğu günlerdir, ayak bilekleri de bu günlerde son derece hassas olur. Bu günlerde bu bölgelerde ciddi ameliyatlarından kaçınmak yerinde olur, fakat ilaç tedavileri ve masajlar için uygun günlerdir. Bol su tüketmek ve ayakları incitmeden minik yürüyüşler yapmak, temiz hava almak iyi hissettirecektir. Ay Kova burcundayken güneşlenmek tavsiye edilmez, güneşin doğasına da uymayan bir alandır ve zararlı ışınlar cildinize her zamankinden daha çok zarar verebilir. Yağlı yemeklerden kaçınmak, bol su tüketmek önemlidir.

Evi havalandırmak ve yüzeysel de olsa temizlik yapmak için elverişli günlerdir. Evde dostlarımızı ağırlamak, parti vermek için de tercih edebiliriz. Ay Kova günleri çiçek günleridir. Bu günlerde çiçeklerle uğraşmak, bitkilerin özsuyu çiçeğine nüfuz ettiği için çiçek toplamak ve uzun süre muhafaza etmek kolaylaşır.

Umutların ve arzuların günü olduğu için isteklerimizi somutlaştırmak için harekete geçebiliriz. Dileklerimizi resmetmek, arzu ettiğiniz konular için bir dilek panosu hazırlamak, dileklerimizi ve isteklerimizi bir kağıda not alıp saklamak için uygun günlerdir.

Sosyalleşmek, seyahat etmek, hobilerle ilgilenmek ve sanatsal aktivitelerde bulunmak, fikir jimnastiği yapmak için de harika günlerdir. İş seyahatleri, reklam ve medya organizasyonları, teknik ve teknolojik işler, elektronik cihaz alımı-satımı-tamiri, radyo-tv ve medya aktiviteleri, reklam ve organizasyonlar, tören ve toplantı hazırlıkları, sıradışı, ilginç konulara yönelmek, uluslararası işler, para-finans konuları için yine Ay'ın Kova burcunda olduğu günleri tercih etmeliyiz.

Koyu kırmızı ve açık mavi renkler giymek, mümkünse güne nefes egzersizleri ve bol su içerek başlamak, bol bol çiçek koklamak ve çiçeklerle uğraşmak bugünlerde şifa etkisi yayacaktır.

Ay Balık Burcunda

Ay Balık burcunda rahat eder. Ay'ın ay olma, sevme, sevilme ve fedakârlık özelliklerine uygun bir ortamdır. Ay bu burçta duygu dolu, duyarlı doğasını rahatça ortaya koyar. Ay Balık burcundayken hastalığın ve duyarlılığın, feda etme, fedakârlık isteğinin, merhametli olma halinin arttığı zamanlardır. Duyguların içinde boğulma riski de verebilir. Dini, manevi duygular da son derece yoğunlaşmıştır. Duygular da, zihin de dağınık olabilir; bu yüzden rasyonel olmamız gereken konular için tercih edilmez. Uyum ve anlayışın hâkim olduğu, yardımseverlik duygusunun hat safhada yükseldiği günler olduğu için ruha dokunacak her etkinlik, tasavvuf toplantıları, sezgileri güçlü kimselerle bir arada bulunmak, medyumlardan faydalanmak için de Ay'ın Balık burcunda olduğu günleri değerlendirebiliriz. Sezgilerin ve akışa bırakmanın yarar sağladığı, iyilik ettikçe iyilik bulduğumuz, manevi duyguların son derece güçlü olduğu günlerdir.

Bu günlerde alkol, kafein, nikotin gibi maddelerin etkisi yoğun olduğu için uzak durmak yerinde olur. Bağımlılıklara meyil artabilir. Kötü alışkanlıklarından ve bağımlılıklardan kurtulmak isteyenler bu burçta yeniay zamanlarını tercih edebilirler.

Ayakların günüdür. Mümkünse rahat ayakkabılar giymemiz gereken günlerdir. Eğer iyi bir ayakkabı alma niyetiniz varsa Ay Balık burcundayken alabilirsiniz. Çorap, ayakkabı ve tabanlık almak için de uygun günlerdir. Yine ayakların hassas olduğu ve ayaklarla ilgili basit tedavi ve masajların ekstra fayda sağlayacağı günlerdir. Nasırlar, siğiller de bu günlerde coşabilir. Nemli günler olduğu için alerjik reaksiyonların, nem ve rutubet kaynaklı sorunlarının arttığı günlerdir. Bu günlerde balgam söktürücü takviyeler almak iyi gelecektir.

Karbonhidrat ve tatlı isteğinin arttığı bu günlerde diyabet problemi olmayanlar uygun miktarda tüketebilirler. Bitkilerin özsuyu bu günlerde yapraklara nüfuz eder bu sebepten yaprağından faydalanılacak bitkileri toplamak, taze yaprak tüketmek için harika zamanlardır. Mümkünse bitkileri yaprağından sulamak iyi gelecektir.

Mor, leylak, violet renkleri, ametist ve firuze taşlarının olumlu etkileri bu günlerde daha güçlü tesir eder.

Gezegenlerin Saatleri

Her gezegenin aktif olduğu saatler vardır. Her gün günün ağarma vaktiyle güneşin saati başlar ve ardından sırasıyla diğer gezegenlerin vakti girer. Günümüzde çeşitli internet aplikasyonları ile gezegen saatlerini kolayca öğrenebilmemiz mümkün oluyor. 24 saatlik zaman diliminde hangi gezegen saatinde olduğumuzu rahatça öğrenebilir ve ufak tefek saat farklılıklarından kaynaklı yanılgılara takılmadan doğru saati öğrenebiliriz.

Günümüzde teknolojinin müthiş ilerleyişi sayesinde artık hangi gün, hangi saatte, hangi gezegenin aktif olduğunu internet programları sayesinde en doğru şekilde takip edebiliyoruz.

Güneş Saati

Güneş saatlerinde özgüvenimiz yüksek olur. Canlılığın arttığı, odağımızda bizim için önemli meselelerin olduğu vakitlerdir. Toplantılar, anlaşmalar, önemli kişiler, devlet yetkilileri ve ünlülerle bir araya gelmek için uygun vakitlerdir. Söz, nişan, yüzük takma, altın alma, eğlence ve kutlamalar için tercih edilebilir.

Kıymetli ve önemli bir vakittir, azamet ve ihtişam enerjisi yayılır. Sahne, bale, dans, müzikli aktivitelerin hepsi için elverişlidir. Ün, şan ve şeref saatidir, reklam ve tanıtımlar için uygundur. Dikkat çekmek ve duyurmak istediğimiz her konu ve iş için tercih edebiliriz. Baba, ata ve köklerle ilgili her konu ve müracaat için de yine güneş saati tercih edilebilir. Aşırı kibir, fazla özgüven bu saatin gölgeleridir. Kibri yüksek insanların olumsuz tarafıyla muhatap olmak da güneş saatinde karşılaşabileceğimiz gölge yönlerdendir. Otoritelerle inatlaşmamak gerekir.

Venüs Saati

Aşk ve saadetin saatidir. Estetik ve güzellik işleri, güzellik ve aşk ritüelleri, hele bir de Venüs'ün açıları iyi, Terazi, Boğa ya da Balık burçlarındaysa, müthiş olumlu sonuç verecektir. İlan-ı aşk etmek, sevgiyi itiraf etmek, cinsel birleşme, romantik yemekler ve toplantılar, nişan, nikâh, düğün törenleri, doğum yapmak, güzel olan tüm etkinlikler, estetik operasyonlar, keyif yapmak, sanatsal aktiviteler yapmak, hobilere yönelmek, dekorasyon, mimari ve moda işleri, mücevherat almak-satmak, şiir, müzik etkinlikleri, zevk ve keyfe yönelik her iş için tercih edilebilir. Uğurlu saatlerdir. Kız istemek, birbirlerine uygun kimseleri bir araya getirmek, banka yatırımları, lüks alışverişler için de Venüs saatleri tercih edilmelidir. Aşırı zevke düşmek, fazla yiyip içmek, aşk ve güzellik budalalığı, yanlış kişilerle ve yanlış koşullarda yaşanan cinsellik, maymun iştahlılık ve müsriflik Venüs saatinin gölge yönlerindendir. Kadınlarla, kız çocuklarıyla iyi geçinmeye özen gösterilmelidir.

Merkür Saati

Aklın işlek olduğu, önemli yazışmalar, konuşmalar ve görüşmelerin yapılması gereken saattir. Önemli iş imzaları için mümkünse Merkür'ün retro olmadığı ve açılarının iyi olduğu günlerde Merkür saati tercih edilmelidir. Bu şekilde atılan imzalar yararlı ve kalıcı olur. Konferanslar, seminerler, eğitimler, duyurular, haberler, iletişim, reklamlar, telefon veya tablet alım satımı, bilgi alışverişi, mesajlaşmalar, kendimizi ifade etmemiz gereken durumlar, yabancı dillerle ilgili konular, çeviriler ve matbaa, kitap işleri, hızlı yapılması gereken, el ve dil çabukluğu gerektiren işler, ticari konular, internetle ilgili her iş ve konu, hesap ve matematik işleri, tamirat işleri, satış ve pazarlama, ders çalışmak, okumak, yazmak için Merkür saatleri tercih edilmelidir.

Dil, teknoloji, iletişim ve elektronikler söz konusu ise Merkür'ün iyi açılar yaptığı Merkür saatleri harekete geçmek için mükemmel birer seçimdir. Merkür retroyken ya da olumsuz açılarında iletişime, elektroniğe ve tekniğe dair konularda sorunlar çıkar. Gevezelik, yalan, dolandırıcılık, hırsızlık, kararsızlık, ikilem Merkür'ün gölge yönleridir. Merkür saatlerinde yalan beyan ve dedikodudan kaçınmak, haber getirenleri iyice anlayıp dinlemeden harekete geçmemek yerinde olur. Güven telkin etmeyen ve aşırı geveze kimselere bu saatlerde ekstra dikkat etmeliyiz.

Ay Saati

Spritüel çalışmalar, rutin ya da özel ibadetler, dini toplantılar, ailevi, manevi, milli ve dini konuları ele almak. Aileyi bir araya toplamak, yemekler düzenlemek, restoran ve kafe açılışları, anaokulu ve kreş aktiviteleri, anneler ve annelikle ilgili her konu, kadınlar ve aileye yönelik konular, alışverişler, besin ve beslenme ile ilgili konular, yardım organizasyonları, duygusal konular, nikâh, nişan, dualı ve maneviyata dayanan tüm toplantılar, pasta, börek, tatlı yiyecekler hazırlamak, yaratıcılık ve incelik gerektiren tüm sanatsal faaliyetler, şiir, sanat, dans organizasyonları, gizem yaratılmak istenen etkinlikler, geleneksel işler ve zanaat işleri, geçmişe dayalı konular ve anma törenleri, milli ve manevi duygulara vurgu yapmak istediğimiz ve duygusallığın ön plana çıkması gereken konular, su ve suyla ilgili tüm işler için Ay saatini değerlendirebiliriz. Annemizle yapılacak iş ve aktiviteler için de Ay saati uygundur.

Aşırı duygusallık, duygusal şantaj, mantıksızlık bu saatin gölgesidir. Mantıklı karar vermemiz gereken hiçbir konuyu Ay saatine denk getirmemeliyiz. Aksi durum başarısızlık ve yanlış kararlar getirebilir. Bu saatlerde kimsenin duygusallığımızdan yararlanmasına izin vermemeliyiz, empati gücümüz fazla olacağından kendimizi zora sokacak durumlara düşürme riskimiz vardır.

Satürn Saati

Genelde daralma ve sıkılma etkisinin hâkim olduğu saatlerdir. Bu saatlerde engeller ve gecikmelerle karşılaşabiliriz. Çoğunlukla uğurlu bir saat sayılmaz. Baba, devlet ve otoritelerle ilgili ekstra dikkat edilmesi gereken zamanlardır. Yine de organizasyonlar, rutin sorumluluklar, düzen ve tertip gerektiren işler, sağlam ve kalıcı temeller üzerine kurmak istediğimiz her iş ve konu, plan, program belirleme, kural koyma, gayrimenkul, inşaat işleri, toprak ve arsa konularıyla ilgili adımlar, hele ki Satürn iyi açılar yapıyorsa büyük kâr getirir. Yeni ve hayırlı işlere Satürn saatinde başlanmaz. Otorite ve devlet büyükleriyle ilgili konularda ekstra hassas ve dikkatli olmak, kurallara mutlaka uymak ve hassasiyet göstermek gerekir.

Jüpiter Saati

İyilik ve bereket saatidir. Yatırımlar, finansal konular, parayı ve işleri büyütmek için harekete geçmek, perakende ya da toptan alım satım işlemleri, müşteri bulmak ve satış yapmak, uluslararası ilişkiler, seyahatler, uzak yerlere yapılacak yolculuklar, yabancılarla ilgili işler, dini ve felsefi konular, topluluklarla bir araya gelmek, her türlü kalabalık davet ve organizasyonlar, alışverişler, hukuki ve akademik başlangıçlar, piyango bileti almak, şans oyunu oynamak ve şans istediğimiz her iş için Jüpiter saati tercih edilir. Bu saatin abartmak, aşırıya kaçmak, fazla rehavet ve iyimserlik vermek gibi gölge tarafları da vardır. Bilhassa harcamalarla ilgili aşırıya kaçmamak gerekir.

Mars Saati

Genel olarak dikkat edilmesi gereken saatlerdir. Mars saatinde öfke kontrolü fazlaca önem arz eder. Kaza ve yaralanmalara çok dikkat etmemiz, şerli ve öfke saçan insanlardan, vahşi hayvanların bulunabileceği mevkilerden uzak durmamız gerekir. Trafikte ve sosyal hayatta ekstra dikkat edilmesi gereken saatlerdir. Ameliyatlar mümkünse asla bu saate denk getirilmemelidir. Ateşli hastalıklar ve anksiyete bu saatlerde azar. Diş çektirmek, kan vermek bu saatlerde önerilmez. Ufak tefek kesi ve enjeksiyonlar için uygundur. Öte yandan bilhassa dövüş sporları, spor müsabakaları, dans ve fiziksel aktivitesi olan her gösteri ve etkinlik, cesaretimizi ortaya koymamız gereken projeler ya da toplantılar, heyecanlı aktiviteler, cinsel birleşme için harika saatlerdir. Mümkünse kavgalı olduğumuz kimselerden Mars saatinde uzak durmamız zorunluluktur. Kavgalar artar, küçük sorunlar büyüyebilir, yangın riski artar; bu sebepten Mars saatinde sakin, serin ve dikkatli olmamız çok mühim ve hayatidir. Ortaklık ve evlilik, nikâh, nişan ve uyum gerektiren konular için, alışveriş, sabır ve sükûnet gerektiren hiçbir iş için Mars saati uygun değildir. Dini toplantılar ve geleneksel konular bu saate denk getirilmemelidir.

Bilinen Tüm Olumsuz Enerjilerden Nasıl Korunuruz?

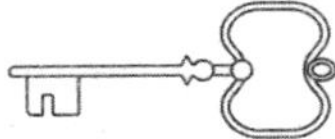

Nazar, Maji ve Kötü Enerjilerden Nasıl Kurtulur ve Korunuruz?

Üzerimize uygulanan tüm olumsuz enerjileri nötr hale getirmenin de, isteklerimize kavuşmanın da ortak bir yolu vardır; iktidar enerjisinde kalmak. İyiliği irade edip, istediğimiz şeyi bir çılgın gibi, aptalca istemeden, net ve dengedeki insan iyiliği irade buyurur ve neticede hayatının merkezinden kaydırılmadan iktidar enerjisinde kalmayı da başarmış olur.

Nazar, ışık enerjisinin gözden yansımasıdır ve olagelmiş işlerimizi bozucu bir tesire sahiptir. Buna mukabil söz en kuvvetli büyüdür ve hem ışığa hem söze maruz kalan birinin tüm hayatı altüst olabilir. Maji ise bir nevi şeytana ibadet etmektir. Pis ve tuhaf malzemelerle birilerinin enerji alanını yönetmeye çalışmak bunu yapan kişiye delilik, bela, ölüm ya da hastalık getirir. Uzun vadede olumsuz maji ile uğraşan kişi ibadet ettiği şeytanın öldürücü darbesine maruz kalacaktır ve asla telafi edilemeyen, düzeltilemeyen sorunlara maruz kalacaktır. Çoğu majisyenin yokluk, delilik, hastalık gibi sebeplerle öldüğü tarihsel bir gerçekliktir. Tehdit, meydan okuma, itham ve hasetle söylenen sözler de olumsuz maji tesiri yapar. Bununla birlikte beddua edilen bir ortama negatif enerjiler yayılır ve ortamda o an kim varsa hepsinin üzerine bir mikrop gibi bulaşır.

Peki tüm bu enerjilerden nasıl korunacağız?

İyiliği irade buyurup hiçbir şeye tutkumuzu yönlendirmeden kendi merkezimizde kalmaya ve iktidar pozisyonda durmaya niyet edeceğiz, yani kimsenin bizi dengemizden şaşırtmasına izin vermeyeceğiz.

Beddua edilen, kötü sözler sarf edilen, tehdit ve meydan okuma cümleleri kullanılan ortamlardan ışık hızıyla uzaklaşacağız ve bunu yaparken kim ne der diye düşünmeyeceğiz. Ortamdan ayrılmadan bu sözleri sarf eden kişinin yüzüne ya da içinizden "Ben seninle beraber değilim, tüm bu sözcükler ve yaydığın titreşimler sana aittir," demeliyiz. Korkmadan, utanmadan oradan koşarak uzaklaşın.

Her gece uyumadan ve her sabah uyandığımızda kendi inancımıza göre korunma dualarımızı okuyup, "Yaradan'ım enerji ve madde bedenimi benim bilgim dışında uygulanan tüm çalışmalara kapatıyorum. Bana uygun olmayan, zararlı ve olumsuz tüm enerjileri, yönlendirmeleri, söz ve tesirleri reddediyorum, sahibine iade ediyorum," demeliyiz.

İçgüdüler zincirinden arınmaya ve irademizin önündeki tüm olumsuz enerjilerin boyun eğeceğine iman etmeliyiz. Hiçbir negatif gücün tesiri altında kalmayacak biçimde yaratılmış olduğumuzu idrak etmeliyiz. Tesir altında kalanlar ancak iradesi ve enerji alanı zayıf kimselerdir.

Ruhsal bağışıklığı güçlendirmek, nazar, maji ve tehditlerden korkmamak, ruhsal bağışıklığı güçlendiren birinci koşuldur. Tüm kötü enerjiler de, tıpkı mikroplar gibi göremediğimiz ama bizi hasta eden tesirlerdir. Bedensel bağışıklık beslenme ve vitaminlerle sağlanıyorken, ruhsal bağışıklık en başta cesaret duygusu ile sağlanır. Negatif güçler cesur insanın enerji bedeninde barınamaz.

Eğer mümkün ise kedi beslemeli, evde kedi bulundurmalıyız. Kediler sadece sevimli olmakla kalmayan, negatif enerjilere karşı bir kalkan oluşturan ilginç yaratıklardır. Tüm uygarlıklar içinde belki en ilginç ve sırrı çözülemeyeni olan Eski Mısır'da kedilere apayrı bir önem atfedilmesinin nedenlerinden biri de buydu. Kedilerin bulunduğu yerlerde, mezarlık ya da izbe yerlerde biriken huzursuz enerjilerin barınamıyor olduğunu bilenleriniz vardır. Hayvanların aslında çoğunun bilinen yanları dışında bilinmeyen koruyucu tarafları da vardır. Köpekler ve diğer tüm hayvanlar da sahiplerinin evlerine inen negatif enerjilere talip olurlar. Bu sebepten bir evde bir hayvan hasta olduğunda hemen iyiliklerde bulunmak ve sadakalar vermek yerinde olur, çünkü hayvan sahibine inen olumsuz enerjiyi üstlenmiştir. Hele ki bir evin hayvanı öldüğü vakit en az 7 gün sürecek şekilde iyilik ve hayırlarda bulunulması çok önemli bir detaydır, çünkü bu bir olumsuzluklar silsilesinin habercisi olabilir. Hayvanı ölen kişi birçok iyilik yapmalı ve sadaka vermelidir. Elbette bu, hayvan besleme imkânı olanların dikkate alabileceği bir konudur.

Evde düzenli temizlik yapmak, çöp ve pislikleri, kötü kokan malzemeleri evden atmak konusunda titiz olmak gereklidir. Pislik ve çöp kaosu besler, negatif enerjilerin yayılmasını kolaylaştırır. Hiçbir iyicil enerji çöp ve dağınıklık olan, kötü kokan ortamda çoğalmaz ve aksi gibi azalır. İyicil enerjilerin azaldığı bir alanda kötücül enerjilere yer açılır ve koruma kalkanlarınızı kaybetmiş olursunuz. İhmal, kötü enerjilerin yayılmasını kolaylaştırır. Bu sebepten bulunduğunuz evin rutin temizliğine dikkat edin. Evinizi belli bir rutinde, 3-5-7-11-21 gün gibi, aralıkları kendinize göre belirleyerek deniz suyu ile silin. Denizden aldığınız suyla yatak başlarınızı, yatağınızın çevresini, evinizin bahçe ve giriş kapısını, eşiklerini, iç-dış olmak üzere mükemmelen silin. Eğer deniz suyu bulma imkânınız yoksa bol tuzlu su da işinizi görecektir.

Evinizin girişinde demir, çelik gibi madenlerden yapılmış bir kılıç ya da çuvaldız bulundurun, beyaz bir kese içinde tuz bulundurmak da iyi gelecektir. Bunu süslü bir obje haline de getirebilirsiniz. Yine yatağınızın altına bir demir parçası koymak, başucunuzda bir çuvaldız ve bir kesede tuz ya da tuz lambası bulundurmak da koruyucu etki sağlayacaktır.

Kötü bir enerjiye maruz kaldığınızı düşünüyorsanız 40 gün süreyle soğan, sarımsak, et ve yumurta, tereyağı süt, peynir ve yoğurt da dahil tüm hayvansal gıdaları tüketmeye ara verin. Her gün muhakkak tuzlu suyla ya da denizden aldığınız sularla uzun uzun duş alın. Eğer yaz dönemiyse denize girmek ve bunu arınmaya niyet ederek yapmak da faydalı olacaktır. 40 gün bu kurallara uymaya devam ederken her gece ve sabah yapılanları sahibine iade etmeyi, tüm söz ve tehditleri reddetmeyi unutmayın. Gül, lavanta, limon, portakal çiçeği, yasemin, melisa otu gibi bitkilerin yağlarını sürünmek ve bu kokuları evde, üzerinizde kullanmak da enerjinizi yükselteceğinden ve bunlar çok yüksek frekanslı kokular olduğundan koruyucu kalkanınızı güçlendirecektir.

Aslında olumlu ya da olumsuz tüm enerji çalışmalarında en kuvvetli olan eylem imgeleme olduğundan olumsuz enerjilere maruz kaldığımızda olumlu imgelemeler yapmak, güneşe, denize, suya, gökyüzüne bakmak, gökkuşağının yedi rengini barındıran objeler kullanmak, renkli kumaşlar, boyalar ve çiçeklere bakmak, eve başta çam ağacı olmak üzere ağaç getirmek, ağaçlara sarılmak, dokunmak, temas etmek de maji çözücü, nazar kırıcı etkilerdendir.

Ketum olmak, olmamış işleri, planları ifşa etmemek en önemli korunma yöntemlerindendir. Evrende ketumluk yasası işler. Toprağa tohum atan kişi muhakkak üstünü örtmelidir. Planlarımızı, özel hayatımızı ve ilişkimizin iç yüzünü, cebimizdeki parayı, henüz olmamış işlerimizi toprağı atılan bir tohum edası ile büyütmeliyiz. Hayatta bazı şeyleri kendimize saklama erdemi göstermek en önemli adımlarımızdandır. Gizlilik içinde hareket etmeyi başardığımız vakit haset, nazar ve diğer olumsuz enerjilerden de kurtulmuş, korunmuş oluruz. Bu tür enerjiler hasta ruhlu kimselerden ya da kıskançlık duygusuna, hırslarına mağlup olan kimselerden yayıldığı için böyle kimselerin hasedini, nazar-ı dikkat celp etmemek de büyük bir koruma kalkanıdır.

En tuhaf gibi görünen ritüeller bile istikrarlı ve aynı usulde devam ettirilirse kişiyi istediği amaca götürür. Belli saatlerde dua etmekten, kendi inancınıza göre ibadet etmekten ve aynı niyetleri aynı vakitlerde tekrar etmekten vazgeçmeyin. Dualarınızı ettiğiniz odalarda alkolsüz, doğal ve güzel kokular sürünün, odanızın aydınlık ve temiz olmasına özen gösterin ve terkiplerinizi aksatmadan yapın. İstikrarlı rutinler ve dualar kişiyi muhakkak olumsuz enerjilerden koruyan manevi antibiyotiklerden farksızdır. Saatinde ve dozunda almaya devam etmelisiniz.

Üzerinizdeki tüm olumsuz enerjinin dağılmasına niyet ederek ve elbette yukarıda saydığım tüm maddeleri de uygulamaya gayret ederek muhakkak büyük bir iyilik edin, birinin hayatını kurtarmak, kan vermek, elinizden bir şeyi bu niyetle çıkarmak olumsuz enerjiyi tümüyle bertaraf edecektir. Hele ki tüm maddeleri uygulayıp üzerine bir de güçlü bir fedakârlığı eklerseniz her şey hızla düzelecektir.

Kan vermek, sağlıklı ortamlarda, yasal biçimde ve ehil kişilerce yapılan hacamat uygulamaları da büyü bozucudur.

Kalbinin temiz olduğuna kesin olarak emin olduğunuz birinin gözyaşını birkaç damla dahi olsa rica ederek ve izniyle gözyaşı şişesine alıp, gül suyu ilave banyo suyunuza karıştırarak yıkanırsanız ve buna birkaç sefer devam ederseniz üzerinizdeki tüm olumsuz tesirler kaybolur. Bu size anlamsız ve tuhaf gelebilir, ama size yöneltilen negatif çalışma da pis maddeler ve anlamsız tekrarlarla yapılmıştır. Pis madde ve olumsuz enerjilerle tesir ettirilen bu çalışmaları gökleri inletebilecek kadar güçlü masumiyet enerjisi ve yüksek frekanslı gül kıracaktır.

Size bakan ve enerjisini yollayan kişiden gözlerinizi kaçırmayın ve bir ışık kalkanı hayal edin, o kalkanın gelen ışınları iade ettiğini imgeleyin. Zihin hayal ve gerçeği ayırt edemediği için zihin gücünüz nazarı bertaraf edecektir.

Biri size olumsuz ya da istemediğiniz ithamlarda bulunduğu vakit "Bu benimle ilgili değil, bu sözler senindir ve sanadır, bunları reddediyorum," deyin. "İyiliğe, ışığa, huzura talibim," diyerek hiçbir olumsuz cümleyi kendi üzerinize almayın. Art arda "Reddediyorum, söyleyene iade ediyorum," deyin. Sözün gücünü yine söz bu şekilde kıracaktır.

Bir mabedi gönüllü olarak temizlemek, gerçekten zahmet çekerek tertemiz hale getirip mabetten aldığımız suyla yıkanmak da olumsuz tesirleri kaldırır.

Herhangi bir mabetten çıkan 3-5 ya da 7 kişiye 7 kapalı kilidi açtırmak ve açık haldeki kilitleri denize, göle ya da imkânınıza göre su kanalına atmak da olumsuz tesirleri ortadan kaldırıcı bir etkiye sahiptir. Kilitler açtırılmadan önce de, suya atarken de kurtuluşa, feraha ermeye niyet edilir.

Yukarıda belirttiğim tüm maddeler ve uygulamalar kurtulmak istenilen negatif enerjilerin öncelikle zihnimize hitap ederek ortadan kaldırılması içindir. Zihin hayal ve gerçeği ayırt edemez, bu sebepten kilitleri açarken ve suya atarken kurtulduğunuzu imgelediğiniz için zihniniz bunu gerçeklik olarak algılayıp kurtulmuş bir insan enerjisi yaymanızı sağlayacaktır. Böylelikle enerjiniz değişecek ve size enerji yollayan kimselerin titreşimleri altüst olacaktır.

Zihnimizin neye inandığı, bilinçaltımızın neyi keyfettiği ve neyi besleyip neyi reddettiği gerçeği bizi olumsuz enerjilere açık hale getirme noktasında hayati önem taşır. Eğer beslediği fikir zayıflık ve iradesizlikse olumsuz tesirlere açık hale geliriz, cesareti ve arınmayı imgeleyen bir zihin ve kurtuluşa evet diyen bir bilinçaltı kendi koruma kalkanını çoktan oluşturmuş demektir.

Enerji Hırsızlığı, Düşük Frekansları Tanıma ve Baş Etme Yöntemleri

Son yıllarda "Enerjimi bitirdi, enerjimi düşürüyor, ne zaman görüşsem başıma bir şey geliyor, beni hasta ediyor," gibi cümleleri sıkça duyuyoruz. Enerji hırsızlığı mevzusu günümüzde yeni ve gizemli bir keşfe dönüştü. Peki enerji hırsızlığı diye bir şey gerçekten var mı? Evet, var! Çeşitlilik göstermekle birlikte, enerjimizi düşüren, düşük frekansta insanlar hayatımızın içinde olabilirler ve hatta bu insanlar en yakınlarımızın arasından bile çıkabilirler. Bizlere düşense, bu enerji bağlantılarını fark edip nazikçe bertaraf etmek ve hayatımızı huzurla yaşamak. Peki bunu nasıl yapacağız?

Duygusal Kurban

Duygusal kurban, aşırı duygusaldır ve çok çabuk ağlar, gözyaşları gözlerinde hep hazırdır. Naif ve hassas olduğu için onu koruma güdüsüyle yaklaşırsınız ve ondan size ya da bir başkasına zarar geleceği aklınızın ucundan geçmez; fazla iyidir. Herkese yardım ediyordur ama kendisi mutsuzdur. Hayatında hiçbir şey yolunda gitmez ve tüm kötülükler onun başına gelir. Kendinizi daima onun özgüvenini yükseltmeye uğraşırken bulursunuz; ama asla başaramazsınız. Siz onu mutlu etmeye uğraştıkça o mutsuz olduğu yeni bir hikâyenin başrolüne geçer. Bir süre sonra onun bir muhafızı olduğunuzu, herkese karşı onu koruduğunuzu, hatta sevgilisiyle, ailesiyle onun için tartıştığınızı, onu üzenlerin karşında bir asker gibi direndiğinizi fark edersiniz. Adeta o bir kurban, siz de bir kurtarıcısınızdır. Sonunda ne mi olur? Bir bakmışsınız, siz ondan çok daha zor ve ağlanası bir hayatla mücadele ediyorken, o sizin güçlü ve asil duruşunuzun gölgesinde dinlenmeye hatta sizi kullanmaya başlamış ve sizden çok daha mutlu bir prens ya da prenses gibi yaşıyor. Onun tek amacı kendisinden yüksek frekansa sahip insanlardan beslenmektir. Siz onun için uğraşıp üzüldükçe, o mutlu olur ve güçlenir. Sonuçta bir bakarsınız, size belki aylarca ya da yıllarca kötülediği, sizi öfkeyle doldurduğu, dedikodusunu yaptığı ve uğruna tartıştığınız sevgilisiyle evlenmiş, evinin kapısını kapatmış oturuyordur.

Onun hayatında her şey bütün ve tamken, siz yorgun, bitkin ve bereketsizsiniz. Onu kurtarmak isterken kurban rolüne siz girdiniz; çünkü her kurtarıcı aslında kendini birileri uğruna tehlikeye atan bir kurbandır. Hata yaptığınızı anladınız, peki ne yapacaksınız? Çok çabuk ağlayan insanlar iyidir, duygusal insanlar iyidir, zarar gelmez gibi yargılarınızdan kurtulun; çünkü duygular hata yaptıran ve hiç de iyi olmayan hayvani özelliklerdendir. Hayvansal beynini kullanan biri çok çabuk ağlar, güler, kızar, sever. Tüm bunlar duygudur ve bu duygu durumlarına çabucak kapılanların kâmil insanlarla hiçbir ilgisi yoktur. İnsanda esas alacağımız özellik duygusallık değil merhamettir. Merhametli olmakla gözü devamlı yaşlı olmak asla aynı şey değildir; bunu ayırt edin. Az ağlayan ama elini taşın altına koyup bir şeyleri değiştiren insan, iyi insandır. Devamlı ağlayıp kendine acıyan insanlar ise hem kendi zamanlarına hem de sizinkine yazık ederler. Karşınıza böyle biri çıktığı vakit; onu empati kurmadan dinleyin, konuşmayı uzattığı vakit hemen bir bahane bulup konuyu değiştirin, sizi içine çekmek istediği duygu girdabına kapılmayın, bacaklarınızı ve kollarınızı çapraz yapın, içinizden devamlı "reddediyorum" deyin. Kendi hayatınızla ilgili bilgi vermeyin, dedikodu yaparsa katılmayın ve yorum yapmayın, görüşmeyi ne yapıp edip kısa tutun ve görüşme bittikten sonra mutlaka su ya da toprakla temas edin. Ben yakınımda bir saksı varsa hemen işaret parmağımı toprağına batırır ve bir süre beklerim ya da ellerimi bileklerime kadar iyice yıkarım.

Narsist, Manipülasyoncu ve Kontrolcü

Onlar sadece dünyanın değil tüm güneş sisteminin merkezidirler. Tüm sıra dışı övgüler, iltifatlar ve üstün koşullar onlar için yaratılmıştır. Sürekli kendilerini ve kendilerine ait gördükleri insanları överler. Bunu yaparken birilerini aşağı çekmek de vazgeçilmezleridir. Empati yapamazlar, karşılıksız sevgi göstermezler ve zaten etrafta sevgiye değer kendilerinden başka hiçbir şey yoktur. Herkes onlara hayrandır, anlattıkları tüm hikâyelerdeki popüler tip onlardır, her şeyi bilirler, herkesin başına gelen tuhaflıklar onların başına gelmez, hep onların istediği yerde yenilir, içilir, gezilir, sizin yerinize davetlere "evet" derler ya da iptal ederler, etraflarında bir alkış ordusuyla gezerler, buna rağmen daima ilgi ve övgüye açtırlar ve ne acı ki kendilerini öven kurnaz insanların kurbanı olmaları da kaçınılmazdır. Sürekli garip bakışlar atıp sizi incelerler ve kusurlarınızı inceden inceye yüzünüze vururlar. Sizin başınıza gelen insani hiçbir şey onların başına gelmemiştir, onların yanında kendinizi eksik, mutsuz, başarısız hissedersiniz ve sürekli gerilirsiniz. Bu tip bir insan tam bir özgüven zedeleyicidir. Sizden hiç haberi yokmuş gibi davranır ama sizi çok iyi takip eder, ne yapıyorsanız daha iyisini yapmak üzere çok daha iyi yerlere başvurur; sizin yaptıklarınızı da asla beğenmez ve onaylamaz. İyi bir şey yaptığınızı kabul etmek zorunda kaldığı anlar olur ama o anların intikamını da alır. Sık sık küser ve bunun nedenini anlamanız olanaksızdır. Onun mottosu "önce ben, çünkü ben muhteşemim"dir. Aslında bu derinlerde çok büyük komplekslerin ve ezik hissediyor olmanın sonucunda gelişen bir kişilik bozukluğudur. Böyle insanlar sizi tam anlamıyla kuruturlar; bir çiçek gibi solarsınız. Yapmanız gereken onunla çok az görüşmek, reddedemeyeceği bahaneler uydurmaktır. Mümkünse hayatınızda laf edemeyeceği kimselerle ilgili bahaneler bulun. Bunlar eş, evlat, aile, iş ve sağlık bahaneleri olabilir. Ailenizle daha çok vakit geçirin ve hiç boş zamanınız olmasın. Eğer mecbur kalıp görüşürseniz onu aynalayın, karşında dik ve minnetsiz oturun. Asla kendinizden bahsetmeyin ve özelinizi paylaşmayın. Dinleyin ama içselleştirmeyin. Cümle içinde sık sık hatta gerekli gereksiz "hayır" kelimesini geçirin. İçtenlikle ve sinir bozan bir gülümseme ile hayır deyin. Neye hayır dediğiniz mühim değil, hayır kelimesi onu ve enerjisini bloke edecektir. Beklentinizi sıfırlayın, onun hiçbir yardımını istemeyin ve teklifleri için nazikçe teşekkür edin. Yine kolları ve bacakları çapraz yapmak, içinizden devamlı "reddediyorum" demek yararlı olacaktır. Onun size kodlamak istediği hiçbir olumsuzluğu kabul etmeyin, sizi sınırlandırmaya çalıştığı ve size şekil vermeye çalıştığı zamanları iyi tespit edin ve "Hayır, istemiyorum," kelimelerini söylemekten çekinmeyin.

Dedikoducu ve Geveze

Dedikoducu ve geveze insan her şeyi bilir, herkesi yaftalar, herkesten haberi vardır, haberi yoksa da bir fikri vardır. Çok konuşur, çok anlatır, herkesle iyi geçinir çünkü yüzlerine onları övdükçe kendini sevdirip onlardan bilgi alması kolaylaşacaktır. İnsanlar yanından kalkar kalkmaz yorum yapmaya başlar. Elbette sizin de arkanızdan konuşuyordur ve konuşacaktır. Bu insanın meraklı ve dedikoducu olması karakter özelliğidir ve aynı zamanda bu, kendi hayatının sorumluluk ve sorunlarından kaçış yoludur. Sizi telefonda ya da yüz yüze uzun uzun sohbete tutar. Sürekli konuşma ihtiyacındadır, bu ihtiyaç hiç bitmez ve konu devamlı birilerine, birilerini eleştirmeye gelir. Devamlı konuşur. Amaç öğrenmek, öğretmek, fayda sağlamak değildir; böyle olsa sıkılmazsınız. Sadece konuşmak ve tüm düşüncelerini sizin üzerinize boca etmek ister. Ağlayan çocuğunuz, sorumluluklarınız bile umurunda değildir. Aşırı geveze insan konuşmadan rahatlayamaz. Kesin ve net olun, dedikodusuna katılmayın, çok işiniz olduğunu üst üste yinelemekten çekinmeyin, "Çocuğumun bana ihtiyacı var," "Eyvah yemeğim yandı, hemen kapatmalıyım," deyin ve aniden kapatmak zorunda kalmış gibi yapın. Bu riya değil emin olun; onun zihninin çöplüğünü üzerinize almanızdan ve başka insanların dedikodusunu dinlemenizden çok daha masum. Ona açık bir dille "Eminim benim de arkamdan konuşuyorsun," deyiverin. Bunu gülümseyerek ve içtenlikle söyleyin. "Yok bunu yapamam," diyorsanız dedikodusunu yaptığı hiçbir konuya yorum yapmayın ve ona hak vermeyin. Ona kendisiyle ilgili bir sorunu ya da derdini hatırlatın, ölümden ve ne kadar boş bir dünyada yaşadığımızdan, kısacık bir hayatımız olduğundan bahsedin. Empati yapmasını sağlamaya çalışın ve hiç korkmadan gönül rahatlığıyla ona kendi hayatının mutsuz taraflarını sıralayın. Bunu yaparak iyilik etmiş olacaksınız, emin olun. Çünkü o kendi mutluluğunu başkalarını mutsuz ederek oluşturma gayretindeyken, onun bu çirkin oyununu bozmuş olacaksınız. Bu kişi kendi sözlerine ya da fikirlerine sizi ortak edebilir ve hatta sizin düşünceleriniz gibi yansıtabilir. Böyle zamanlarda şaşırıp bocalamayın ve net bir biçimde "Bunlar senin fikir ve söylemlerin, sen hep böylesin, herkes için yargı ve fikirlerin var," deyin. Asla panik duygusuna kapılmayın. Serinkanlı olmanız onu yıldırır; çünkü dedikoducu kişilik güçlü değildir, sadece dişini geçirebildiği kimselere karşı atağa geçer. Mümkünse çabucak kurtulun ve bilin ki o sizi sadece kendi enerjisiyle değil, zihninde oluşturduğu tüm gereksiz bilgi çöplüğünün enerjisiyle zehirlemektedir.

Öfkeli Agresif Kişilik

Öfkeli insanlar oyun, manipülasyon ya da kendine hâkim olmak nedir bilmezler. Özünde iyi biri olsa da o özü ortaya çıkarma sürecinde siz, kendi ruh ve beden sağlığınızdan olabilirsiniz. Her yerde kızacak bir şey bulur, gittiği her yerde bir olay ve gürültü eksik olmaz. Herkese öfkeyle doludur, bağırmak ve kavga etmek onu besler. Kural çok basit, koşarak uzaklaşın. Elbette bu hayatınızdan çıkaramayacağınız biriyse işiniz gerçekten çok zor. Ona uzaktan telepati ve dua yoluyla daima sevginizi gönderin. Size saldırdığı zaman içinize dönün ve asla ona karşılık vermeyin. Ne kadar üzüldüğünüzü sessiz ve abartılı biçimde gösterin. Zor da olsa devamlı içinizden "seni seviyorum" deyin. Bu frekansta olmanız onun öfkesini kıracaktır. Böyle insanlar sizi sürekli suçlu ve utanmış hissettirirler ve bir süre sonra omuzlarınız düşmeye özgüveniniz azalmaya başlar. Eğer çok yakın olduğunuz biriyse muhakkak psikolojik destek almaya gayret edin. Bu insana maruz kaldıktan sonra muhakkak duş alın, su için ve biraz olsun uyumaya gayret edin.

Zaman zaman hepimiz bu tür enerjilerle karşılaşıyoruz, peki bunun belirtileri nelerdir? Biriyle bir arada bulundunuz ve yukarıda saydıklarıma benzer şeyler olduysa, zaten uzaklaşmanız gerekiyordur. Hissedin ya da hissetmeyin fark etmez, zarar görüyorsunuz. Bununla birlikte, göz kapaklarınızda ağırlaşma ve uyku hissi oluyorsa, ruh halinizde bir olumsuzluk, mutsuzluk ve sebebini bilmediğiniz bir hüzün hâkim oluyorsa, aileniz ve en yakınınızda bulunanlara yetemiyor, onlara enerjiniz kalmıyor ya da onlarla sebepsiz yere gerginlikler yaşıyorsanız, birden aşırı açlık, aşırı enerji kaybı ya da aşırı uyku isteği yaşıyorsanız, bereketiniz azaldıysa ve başarısız ya da mutsuz olmaya başladıysanız hayatınızda sizi sömüren bir enerjiyle karşı karşıyasınız demektir. Unutmayın ki özgüven, dik ve kararlı bir duruş sergilemek ve hayır diyebilmek tüm bu enerjileri bloke eden en güçlü yöntemdir. Sizi kötü hissettiren hiç kimseyle bir arada olmayın, eğer buna mecbursanız ruhsal anlamda dua, meditasyon ve telepatik yollarla bu insandan gelen enerjiyi bloke edin. Onu dikkate almamak, onunla aynı ortamdayken aynı fikirde olmamak ve bunu içinizden söylemek, "reddediyorum" ve "hayır" kelimelerini tekrar etmek kuvvetli bir bloke edici olacaktır.

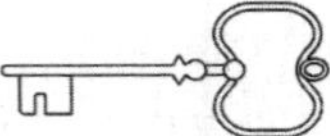

Günler ve Enerjileri

Pazar

Pazar günü güneşin günüdür. Dinlenerek kendimizi şarj etmek, kendimize ve kişisel ihtiyaçlarımıza zaman ayırmak, haftanın plan programını yapmak için en uygun gündür. Ayrıca bize neşe verecek, hayata bağlayacak, keyifli aktiviteler için de pazar günü seçilebilir. Saç bakımları için de eğer daha derin bir astroloji bilgisine sahip değilseniz pazar gününü ve mümkünse ayın Aslan burcunda olduğu günleri seçebilirsiniz, bu da iyi bir sonuç elde etmenizi sağlayacaktır.

Pazar günü kalbin günü olduğu için potasyum yönünden zengin beslenip, kalbi yoracak ağır yiyeceklerden kaçınmak gerekir. Mümkünse leziz ama sağlıklı yiyecekler seçmek, güneşten faydalanmak önemlidir.

Pazar altın madeni ve sarı, turuncu tonlarının daha iyi enerji getirmesi beklenir. Eğer bu gün bir sıkıntıya düşerseniz pazar gününün meleği olan saygıdeğer Uryayil meleğini çağırabilir, "Ya Rab Meleğin Uryayil'i yardımıma yetiştir," diyebilirsiniz.

Melekler Allah'ın ordularıdır. Aslan burçları müşküllerini bugün çözmek için harekete geçip planlama yapabilirler.

Pazartesi

Adı üzerinde pazarın, yani dinlenme ve güç toplama, keyif yapma gününün ertesi, pazar-ertesi. Pazartesi günü ayın, yani duyguların günü olduğu için genellikle güne başlamak ve adapte olmamızın zor oluşu tesadüf değil. Diyete ya da sebat göstermemiz gereken işlere başlamak için de pazartesi günü tercih edilmemeli, çünkü dirayet göstermenin ve bir kararda durmanın kolay olmadığı bir gündür.

Geçici işler, uzun sürmesi gerekmeyen konular, ailevi konular, beslenme programı düzenleme gibi işleri bu güne denk getirebiliriz. Ev işleri ile ilgilenmek, tüm hafta uğraşacağımız işlere kısa ve yorucu olmayan girişler yapmak ve ruhumuzu daraltmayacak şekilde hareket etmek gerekir. Temizlik ve mutfak işleri, sağlık kontrolleri ve sıvı detokslar yapmak, hormon testleri ve kontrolleri için de pazartesi günü uygundur.

Pazartesi mide hassasiyetleri artacağından asitli ve mideyi yoran yiyeceklerden kaçınmak, bol su tüketmek ve ödem söktürücü bitkiler kullanmak önemli hale gelir. Bu günün rengi beyaz ve beyazın her çeşidi, madeni ise gümüştür. İnci kullanmak ve gümüş, gri, beyaz renkleri tercih etmek bizi bu günün enerjisiyle uyumlar. Öte yandan pazartesi günleri çok halsiz, moralsiz ve tembel hissediyorsanız Mars'ın rengi olan kırmızı ve tonlarını tercih ederek enerjinizi yükseltebilirsiniz. Pazartesi günü bir sorun yaşadığınızda bu günün meleği olan saygıdeğer Hasdeyayil meleğinden yardım isteyebilir, "Ya Rab Hasdeyayil meleğini yardımıma yetiştir," diyebilirsiniz. Yengeç burçları problemlerini çözmek, müşküllerini dile getirmek için bugün harekete geçebilirler.

Salı

Salı Mars'ın günüdür. Pazartesinin rehavetini üzerimizden atıp telaş, aksiyon ve koşuşturmacaya girdiğimiz gündür. Artık harekete geçme ve aksiyon alma zamanıdır. Bu günlerde kaza riski yüksek olur, bu sebepten daha dikkatli olmak ve öfke kontrolünü sağlamak önemli hale gelir. Vücutta kan deveranı, kana bağlı sorun ve hastalıklar, kas sistemini etkileyen sorunlar, ateşli hastalıklar bugün azabilir. Bu sebepten bugün bol su tüketmeye, ani hareketler yapmamaya özen göstermeliyiz.

Bugünün madeni demir, rengi ise kırmızıdır. Demir yönünden zengin beslenmek bugün için iyi gelecektir. Demir madeni kullanmak da iyidir, fakat günün rengi olan kırmızı rengin zıddını kullanmak bugün enerjimizi olumluya çevirme ve öfke kontrolünü sağlama konusunda yardımcı olabilir. Mars'ın kötücül doğasını kışkırtmamak adına salı günü mümkünse yeşil veya mavi renklere ağırlık verebilirsiniz.

Bugün münakaşalar kötüye gider, anlaşma ve uzlaşma günü değildir. Spor müsabakaları, hareketli organizasyonlar, dövüş ve antrenmanlar bugünün enerjisine uygun olmakla birlikte aşırı yorgunluk ve antrenmanları abartmak kasları yorup kaza riskini artıracağından temkinli olmak önemlidir. Ameliyatlar için tercih edilmez, hele ki Mars'ın yükselmekte olduğu salı günleri ameliyatlar için risklidir.

Bugün bir sorun, bir kriz yaşadığınızda günün meleği saygıdeğer Şemail'den yardım isteyebilirsiniz. "Ya Rab Şemail meleğini yardımıma yetiştir," diyebilirsiniz. Koç ve Akrep burçları, öfke kontrolü ve acelecilikten uzak durmak koşuluyla, müşküllerini çözmek için bugün harekete geçebilirler.

Çarşamba

Kararların, anlaşmaların, iletişimin ve aklın gezegeni Merkür'ün günüdür. Her türlü anlaşma, sözleşme, müracaat için çarşamba günü değerlendirilebilir. Sinirleri yönettiği için bugün çok sıcak duş, sauna, aşırı sıcak yerlerde bulunmak tavsiye edilmez. Sinirlilik, nörolojik sorunlar, felç ve inme gibi sorunlara neden olacağından çarşamba günü baş bölgesini bilhassa sıcaktan korumak önemlidir. Yazmak, çizmek, hesaplama yapmak, para, finans, muhasebe, hesap işleriyle uğraşmak, ticari, sosyal girişimler, internet işlemleri, teknolojik işler, araba bakımı için bugün tercih edilmelidir.

Çarşamba gününün rengi sarının yeşile çalana dek her tonu, bilhassa limon ve saman sarıları, madeni ise cıvadır. Cıva kullanmak sağlık için uygun görülmediğinden kullanmak tercih edilmeyebilir. Karar vermek noktasında bazen noksan kalsak da işleyen ve devam eden işler için uygun, uğurlu bir gündür çarşamba. İş bitirme günü desek yeridir.

Merkür İkizler ve Başak burçlarını yönetir ve bugün onların günüdür. Kova burçları için de aktif olabilecekleri bir gündür, çünkü Merkür Uranüs gezegeninin adeta minik versiyonu gibidir. Üst aklın gezegeni Uranüs'ün daha minik bir versiyonu da diyebiliriz, bu nedenle Merkür Başak ve İkizler burçlarında muazzam iyi çalışsa da Kova burcundaki hali paha biçilemez derecede üstündür. Kova, İkizler ve Başak burçları müşküllerini çözerken çarşamba gününü değerlendirebilirler.

Çarşamba günü bir sorun ya da krizle karşılaştığınızda saygıdeğer melekler Cebrail ve Rufail'den yardım isteyebilirsiniz. "Ya Rab Cebrail ve Rufail meleklerini yardımıma yetiştir," diyebilirsiniz. Bugün zihnin günüdür ve zihinsel her aktivite için uygundur.

Perşembe

Jüpiter'in günü. İyilik, bolluk ve bereket kapılarının açıldığı gün. Elimizdeki işleri büyütmek, geliştirmek, finansal girişimler, hukuki, akademik konular, uluslararası ilişkiler, seyahat organizasyonları, farklı kültürlerle yoğrulmak, yabancılarla yapılacak her türlü iş için bugün uygundur. Bugünün büyüten ve bereketlendiren bir enerjisi vardır. Bugün barışma, affetme, olumsuz enerjileri bloke etme, geçmişin hüzünlerine sünger çekme günüdür. Dua etmek, dileklere yoğunlaşmak, af dilemek, zam ve destek istemek için uygun bir gündür. Artıran, çoğaltan ve bereketlendiren bir gündür.

Bugün karaciğer hassas olacağından karaciğeri yormayan yiyecekler tüketilmeli, mümkünse alkolden uzak durulmalı ve karaciğer dinlendirilmelidir. Madeni teneke ve kalaydır; mor, leylak, mavi mor arası tüm renkler bugün uğurlu kabul edilir. Bugün bir müşkülle karşılaştığınızda saygıdeğer Melek Anyail'i yardıma çağırabilir, "Ya Rab Anyail meleğini yardımıma yetiştir," diyebilirsiniz.

Yay ve Balık burçları ve Jüpiter ile uyum içinde olan Yengeç burçları perşembe günü müşkülleri için her yere müracaat edebilirler. Perşembe şansın ve bolluğun günüdür.

Cuma

Venüs'ün, yani eskilerin tabiri ile Zühre yıldızının günü. Genellikle uyumlu bir enerjinin aktığı, birleşme ve toplanma günüdür. Venüs'ün rengi yeşil ve dolayısıyla cuma günü en iyi enerji yayan renk de yeşildir. Bugün estetik, güzellik, sanat ve keyif adına ne varsa ilgilenebiliriz. Kıyafet seçimi, moda ve giyim konuları, güzelleşmek, takı ve altın, değerli eşya, mücevherat alışverişi, aşkı ve sevgiyi ifade eden girişimler, barıştıran ve bir araya getiren toplantı ve aktiviteler için cuma en uğurlu gündür. Keyifli ortamlar hazırlamak ve keyifli birliktelikler için cuma günü tercih edilmelidir. Yine nişan, nikâh organizasyonları için de cuma uygundur.

Cuma gününün madeni bakırdır. Boğa ve Terazi burçları ve kendisiyle uyum içinde olduğundan Balık burçları müşküllerini gidermek ve uğurlu girişimleri için Cuma gününü değerlendirebilirler. Cuma günü bir müşkül yaşayan kimse saygıdeğer Cebrail meleğinden yardım isteyebilir. "Ya Rab Cebrail meleğini yardımıma yetiştir," diyebilirler. Cuma iyicil, dişil, Venüsyen ve huzurlu bir gündür.

Cumartesi

Satürn'ün günüdür. Barışçıl ve keyif enerjisinden çıkıp sorumluluklara odaklandığımız bir gündür. Bazı engel ve kısıtlanmalarla karşılaşsak bile sorumluluklarını düzgün biçimde ele alabilenler için kıymetli bir gündür. Rutine bağlanmış, istikrar ve kalıcılık isteyen her işe bugün başlayabilirsiniz. Bugün başlayan ilişkiler birçok testten geçse ve engelle karşılaşsa bile neticede sağlamlığı test edilecek ve kalıcı olacaktır.

Bugün ciddiyetin ve olayları ciddiyetle ele almanın günüdür. Kararlı ve kalıcı bir enerji yayılır. Toprakla ilgilenmek, ev, mal, mülk ve gayrimenkul işlerine odaklanmak, geleceğe yönelik hedefler koymak, planlar yapmak, inşaat başlatmak, temel atmak, otoriteler ve önemli erkek figürlerle bir araya gelmek, büyükleri ziyaret etmek, görev ve sorumlulukları yerine getirmek, dini ve insani vecibelere odaklanmak için de uygun bir gündür.

Cumartesi günü siyah, kahve ve haki tonların hâkim olduğu bir gün olmakla birlikte bugün içiniz çok sıkılıyorsa daha canlı, parlak renkleri tercih ederek enerjiyi olumluya çevirebilirsiniz. Cumartesinin madeni kurşundur. Cumartesi günü üzerinizde bir parça kurşun taşıyabilirsiniz. Cumartesi bir müşkülle karşılaştığınızda saygıdeğer melek Yehayil'den yardım isteyebilir "Ya Rab Yehayil meleğini yardımıma yetiştir," diyebilirsiniz. Kova ve Oğlak burçları ve kendisiyle uyum gösteren Terazi burçları müşküllerini çözmek ve müracaatlar için bu günü değerlendirilebilirler.

Su Ritüeli ve Elementlerin Gücü

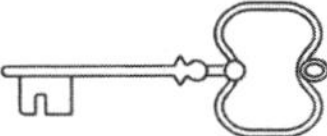

Ritüellere Giriş

Ritüel, Fransızca kökenli bir kelime. Aslında en basit anlamıyla ayin ve tören demek. Ritüeller özel durumlarda tekrar edilen ve alışkanlık haline gelmiş, kendi içinde bir sistemi olan davranışlardır. Hepimiz çocuk yaşlardan itibaren yaşadığımız kültüre ve inançlara göre birtakım ritüellere şahit olur, bunları öğrenir ya da uygularız. Çoğumuz istikrar konusunda eksik kalırken çok az bir grup bu konuda istikrarı sağlar. Hangi din ya da inanca mensup olursa olsun, eğer bir insan yaratan bir kudret olduğuna iman ediyorsa o yaratan güç adına umutla bir rutini yerine getirebiliyorsa diğer insanlardan ayrılmış demektir. Bizim kültürümüzde de diğer tüm kültürlerde de ritüeller tanrısal olanlar ya da kaynağı belli olmayan ve hatta belki batıl olan alışkanlıklar olarak ikiye ayrılır.

Örneğin namaz, oruç, umre, hac, kilise ayinleri, dinsel tüm tören ve seremoniler yaratıcı gücün emriyle yerine getirilen ve fazlasıyla kutsiyeti olan ritüellerdir, bunun dışında kalanlara ise batıl gözü ile bakarız. Peki niyet ve istikrar kutsiyet getirebilir mi? Niyetler bazen her şeyin ve herkesin ezberini bozabilir mi? Buna çok özel ve eski bir anlatı ile cevap verebiliriz:

Hz. Musa, bir gün bir başına dağlarda dolanırken uzaktan yoksul ve yalnız bir çoban gördü. Çoban dizüstü çökmüş, ellerini semaya açıp dua etmekteydi. Bu durum Hz. Musa'nın çok hoşuna gitti, ama yaklaşıp da çobanın duasını duyunca şaşırdı.

Çoban, Rabbine şöyle yalvarıyordu: "Kurban olduğum Allah'ım! Seni ne kadar severim, bir bilsen. Ne istersen yaparım, yeter ki sen iste. Sürüdeki en yağlı koyunu kes desen, gözümü kırpmadan keserim senin için. Koyun kavurması güzeldir Allah'ım! Kuyruk yağını da alır pilavına katarsın, tadından yenmez olur."

Hz. Musa duaya kulak kabartarak çobana yaklaştı. Çoban, duasına devam ediyordu: "Yeter ki sen dile, ayaklarını yıkarım. Kulaklarını temizler, bitlerini ayıklarım. Ne kadar çok severim ben seni. Sana çok hayranım."

Duydukları karşısında Hz. Musa öfkeden küplere bindi, bağıra çağıra kesti çobanın duasını. "Sus, seni cahil adam! Ne yaptığını sanırsın? Allah pilav yer mi? Allah'ın ayakları mı var ki yıkayasın? Böyle dua olur mu? Külliyen günaha giriyorsun. Derhal tövbe et!"

Çoban, Hz. Musa'dan azarı işitince kulaklarına kadar kızardı, utancından yerin dibine girdi. Bir daha böyle kendi kafasına göre dua etmeyeceğine gözyaşları içinde yeminler etti. O gün akşama kadar Hz. Musa çobanın yanında durup ona temel duaları ezberletti. Sonra "Allah benden razı olur, iyi iş yaptım," diye düşünerek yoluna devam etti.

Hz. Musa o gece bir ses işitti, seslenen Rab idi: "Ey Musa! Sen bugün ne yaptın? Sen ayırmaya mı geldin, buluşturmaya mı? Şu garip çobanı azarladın. Onun bana ne kadar yakın olduğunu anlayamadın. Ağzından çıkan lafı bilmese de, o çoban inancında samimi idi. Kalbi temiz, niyeti halisti. Biz kelimelere bakmayız, niyete bakarız! Kelimelere bakacak olsak yeryüzünde insan kalmazdı! Biz çobandan razıydık. Başkasına metih olan söz, sana zemdir. Ona bal olan, sana zehirdir. Sen işittiklerini inkâr ve küfür saydın. Bir kabahati varsa bile, ne tatlı kabahattir onunki."

Hz. Musa hatasını anladı. Ertesi gün çobanın yanına gitti. Çoban duaya durmuştu yine, ama dünkü heyecanından, samimiyetinden eser yoktu. Öğretildiği gibi yakarmaya gayret gösterdiğinden aman yanlış bir laf etmeyeyim diye takılıyor, kekeliyor, terliyordu.

Hz. Musa, çobana ettiğinden pişman olup sırtını okşadı ve dedi ki: "Ey dost, ben hatalıyım, ne olur affet. Bildiğin gibi dua et. Allah nazarında böylesi daha kıymetlidir."

Kabul etmeliyiz ki yakarmanın ve ibadetlerin belli bir üslubu ve prensibi vardır, fakat yaratıcı güç her birimizin idrak ettiğinin çok daha üzerinde bir zekâya sahiptir. Bizim asla ihtimal veremeyeceğimiz küçücük detayları bile hesaplayabilen bir aklıselimdir. O sınırsız zekâsıyla devamlı yaratıma devam etmektedir. Bizlerin masallarda hayal ettiği gibi; her şeyi yaratıp bitirip tahtına çekilen, elinde mızrağıyla cehennemi doldurmayı bekleyen, ilginç arzuları olan, korkutucu bir kral değildir. Her an faaliyettedir. O insandan sadece kendisini anlamasını ve onunla birlikte akmasını istemektedir. O akılların, ışıkların ve matematiğin kaynağıdır. Karanlığın içinden aydınlığı devamlı çıkarıp durur ve dinlenmek bilmez, çünkü o akarak ve devamlı hareket ederek Kayyum ismiyle ayakta durur ve Hayy ismiyle yaratmaya devam eder. Diri ve akıllıdır. Dolayısıyla her insanın onu kendi akli becerileri ile bulmasını ister.

Diller çok çeşitlidir, fakat kalbin ve sevginin dili kişilerin kendilerine özeldir. Kişinin kendi yaradılış özelliklerine göre kendisini bulması yaratıcının hoşuna giden sayılı insani niteliklerden biridir. Öyleyse şunu düşünün, bir adam her gün, günün ya da gecenin belli bir saatini kendine ayırsa, o saatte kendini baş aşağı assa ve bunu da Yaradan'a ibadet etme niyetiyle yapsa ama hiç aksatmasa ve bunu yaparken hep aynı renk kıyafetler giyse, aynı kokuları sürünse, sanki tüm melekleri evine davet etme niyetinde gibi dört bir tarafı pırıl pırıl temizlese ne derdiniz?

Firavun bunun bir benzerini yaptı! Bir sonraki gün Hz. Musa ile yapacağı müsabaka için kendini baş aşağı astırdı. Sabaha kadar bu şekilde Allah'a ibadet etti. Nasıl olsa peygamber olduğunu ve yenilmeyeceğini düşünen Hz. Musa ise yatıp uyudu. Sabah müsabakayı tabii ki Firavun kazandı. Hz. Musa için çok ters köşe olmuştu bu, çünkü o Yaradan adına yarışmıştı.

Yaradan ise sadece bir amaca odaklı ve konsantre olarak kendisine yönelen birini kendi anlatmak istediklerinin anlaşılmasına engel olma pahasına bile reddetmemişti. O'na ters olan bir kulunun çağrısı, kendi çağrısının askıya alınmasına neden olacak kadar hoş gelmişti.

Demek ki inanç, itaat, konsantre bir biçimde ve kimsenin sesini değil, kendi içinizden size seslenen Yaradan'ın sesini duyarak yapılan tüm davranışlar samimi olduğu sürece yaratıcı güç için kuvvetli ve geçerlidir.

Hayırlısı olsun, deyip bırakmak ilahi akışa saygılı olunduğu için son derece değerlidir ve belki en doğru olandır. Buna karşın "Allah'ım senden şunu istiyorum ve illa ki istiyorum," diyen kişi de durdurulamaz. Bunun aksini düşünmeyin bile. Bu bir itaatsizlik değil, safi inancın göstergesidir. Kişi yaratıcıyla öyle bir bağ kurmuş ve inanmıştır ki herkesin olmaz bildiklerini konsantre bir biçimde olur görüyor ve istiyordur. Çünkü Rab, Rahman, Tanrı, Yaradan, Allah, Yehova, adına ne derseniz deyin, O her şeyi bir elden çıkaran nurların nuru ve hâkimlerin hâkimidir ve birinin istediğini yapmak onun için çok kolaydır.

İşte bunu bilen kişiye bir de umut gerekir. Umut bağışıklık sistemini ve manevi bağışıklığı da kuvvetlendiren, bedeni ve ruhu tüm hastalıklardan koruyan bir duygudur. Umudu bitenlerin manevi geçirgenliği azalır ve şu yıldız düşüklüğü denen şey, aslında manevi zayıflıktan kaynaklı enerjilerin olumsuzluğu karşısında geçirgen hale gelmiş olmaktır. Umut inançla iç içedir. Üstün bir aklın yaratımına ve tasarım gücüne inanan kişi korunduğuna ve hiçbir şeyin öylesine olmadığına iman getirir, akabinde umut doğar, her şeyi sanatla ve ince bir üslupla oluşturan o sonsuz kaynak, elbette karıncaların ömürlerini ve kaderlerini dahi tek tek bilen büyük akıl kendisine basit isteklerini vermeye de güç yetirebilecektir. Kişi inandıkça umutla dolar ve umudun olduğu yerlere biraz istikrar, konsantrasyon ve bir parça da rutin haline gelmiş ritüel koyarsanız olmayacak hiçbir niyetiniz kalmaz. Buna inanın.

İnsanı ayakta tutan yegâne şey umuttur. Kaderi kabullenebilme olgunluğunu herkes gösteremez, insanın isteyip de sahip olamadığı şeyler için umuda ihtiyacı vardır. Dualar edersiniz, ibadetler edersiniz ama bazen yine de çözemezsiniz. Eşyaların da bir enerjisi olduğunu; her bir varlığın, nesnenin, çiçeğin veya meyvenin bile bir şey anlatmak için burada olduğunu, bir şeyi temsil ettiğini fark eder, onları yerli yerince kullanır, Yaradan'a, evrene ya da her neye inanıyorsanız mesajınızı, isteğinizi ona güzel sunumlarla sunmayı başarabilirseniz ve bunu yaparken istediğiniz şeyi tüm kalbinizle isteyip onun enerjisine bürünebilirseniz o huzurla size gelecektir.

Hal dili ile dua etmek diye bir kavram var. İstediğiniz şeyin gelmeyişiyle duyduğunuz hüzün, onu isterken tutunduğunuz umut, onu çağırırken benimsediğiniz yollar, giydiğiniz kıyafetler, kullandığınız aksesuarlar, malzemeler, yediğiniz yiyeceklere kadar sizin hal dilinizle dua etmenizdir ve istediğiniz her neyse onunla benzeşip akabinde ona sahip olmanızdır. Vazgeçmeyin; her yolu denedikten, çiçeklere tek tek derdini döktükten, aya güneşe aşkla bakıp istedikten, suya anlattıktan, ağaçlara sarıldıktan, renk renk niyetlerinize büründükten ve türlü türlü ibadetler ettikten sonra bile hâlâ isteğiniz olmuyorsa ki bu imkânsız, o zaman onurlu biçimde vazgeçip önünüze bakmayı bilin. Elbette yeterince çaba sarf ettikten sonra. İşte bu yüzden ritüel yapıyoruz; ritüeller ibadet değil, enerji ve umutla dolu mistik çalışmalardır; ama diyorum ya, hali bile duaysa insanın, bunlar da bir nevi güzel dualardır. Vazgeçmeyin, umutlu olun.

Ne demiştik? İnanç ilk sırada, sonra onun kardeşi umut ve isteklere giden yolda istikrar, kararlı duruş, konsantrasyon ve işte niyetinizi oldu bilin!

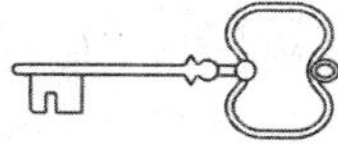

Ateş Ritüeli

Aşk hayatınız hep kötü gidiyorsa, ilişkilerinizin başında çok ilgi görüp devamında bu ilgiyi koruyamıyorsanız, yeterince yakışıklı, donanımlı, bakımlı ya da güzel olduğunuz halde hep yalnızsanız, başka insanların yanında gri bir detay gibi kalıyor ve gölgelendiğinizi hissediyorsanız, utangaç, çekinik bir yapıdaysanız, hayatınız çok monoton ise, rahim, yumurtalık ya da testis sorunlarınız varsa, çocuğunuz olmuyorsa, cinsel isteksizlik ya da başka sorunlarınız varsa ateş ritüeli yapmanızın zamanı geldi demektir.

Ritüel için malzemeler;
Hakiki gül yağı
Kırmızı bir ya da birkaç mum
Lâl taşı (büyüklüğü fark etmez)

Öncelikle meditasyon vaziyeti alarak bağdaş kurup oturun, nefesinizi kontrol edin ve odaklanın, derin derin en az 15 kez nefes alıp verin. Mumunuzu yakın ve ateşi bir süre izleyin. Sonra tekrar derin derin 15 nefes alıp verin. Sağ elinize birkaç damla gül yağı sürdükten sonra göbek deliğinizin bir parmak aşağısına koyun ve ateşi izlemeye devam edin. Birkaç dakika devam ettikten sonra yine ateşe bakarak lâl taşını alıp göbek deliğinizin etrafında ve altında gezdirin. Gezdirirken "Kök çakramı şifalandır, bende neyi tamamlaman gerekiyorsa tamamla, bedenime aşk ve tutkuyu akıt," deyin.

Eğer kadınsanız "Kadın olarak yaratıldığım için şükran duyuyorum, rahmim ve yumurtalıklarım için teşekkür ediyorum, regl döngülerim ve sağlıklı yumurtalarım için teşekkür ediyorum. İyi ki kadın olarak yaratılmışım, şükran duyuyorum, aşkın en tutkulu halini kendime çekiyorum," cümlelerini söyleyin.

Eğer erkekseniz "Sağlıklı bir erkek olarak yaratıldığım için şükran duyuyorum ve yaratıma katkıda bulunan sperm hücrelerim, erkekliğim için teşekkür ediyorum. Güçlü ve tutku dolu bir erkek olmayı ve sağlıklı bir cinsel hayat yaşamayı seçiyorum," cümlelerini söyleyin. Erkekler meditasyon bittikten hemen sonra yüz üstü uzanıp lâl taşını kuyruk sokumunun tam üzerinde en az 15-20 dakika bekletmeliler.

İlk başladığınız vakit bu meditasyonu mutlaka her gün ya da gün aşırı yapmalısınız, zamanla etkisini gördükçe bırakmamak koşuluyla seyrekleştirebilirsiniz.

Yine yaşam enerjiniz düşük ve cinsel sorunlarınız çoksa, aşk hayatınız renksizse kırmızı, fuşya, pembe ve kızıl ya da kırmızının her tonu renkte iç çamaşırları giymeli ve kök çakranıza bu rengin enerjisinin yayılmasına olanak sağlamalısınız. Dolabınıza daha fazla kırmızı ve tonlarını eklemelisiniz.

Hiperaktivite ve anksiyete sorunu olanlar, aşırı öfkeli ve öfke kontrolü olmayan kişiler, hayatı çok kavgalı ve aşırı mücadeleli geçenler, cinsel anlamda aşırılık ve çarpıklık sorunu olanlar bu ritüeli kesinlikle yapmamalı ve kırmızı rengi kullanmayı azaltmalılar. Bu ritüel kök çakrayı harekete geçirir ve yaşam enerjisini kuvvetlendirir. Öfke ve ataklık da buna dâhildir. Zaten ateş gibi parlamaya hazır olan kimselerde olumsuz bir tesir yayacaktır.

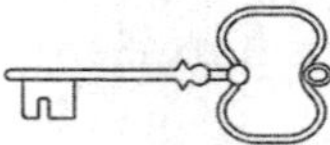

O da Beni Sevsin Ritüeli

Hiçbir yöntem, hiçbir çaba kendini seven bir kadının cazibesinin yerini tutmaz. Kendini seven ve kimse için üzülmeye niyeti olmayan, gülümsemek için herhangi bir erkeğin güzel sözlerine ihtiyaç duymayan, yaşadığı hiçbir olay nedeniyle dişi ve dişli olmaktan vazgeçmeyen kadın etrafa hayranlık uyandıran bir enerji yayar. Öylesine güçlü ve cazibelidir ki etrafına gerçekten güçlü erkekler doluşmaya başlar. Öyle gerçek bir kadın olun ki, etrafınızda eril enerjisini kaybetmiş, sorumluluk alma bilinci olmayan, cesaretsiz, dişil enerjili erkekler değil, gerçek insanlar olsun. Sadece makyajla ve giyimle de kendinizi kandırmayın, yetmez, dişi olmak bir bütündür. Tüm ruhunuzla kadın olduğunuz için şükredeceksiniz. Size verilen her hediyeyi, regl döneminizi, rahminizi, hormonlarınızı, zarafetinizi, iniş çıkışlı duygularınızı gerçekten sevecek ve benimseyeceksiniz. Siz kadınsınız, güzelsiniz, güzelliksiniz, Allah'ın letafet ve zarafetini yansıtan, yaratım gücü olan eşsiz varlıklarsınız.

Size verilen her zerre için teşekkür edin, eğer gerçek bir adam tarafından sevilmek istiyorsanız, aşkı ve hazzı istiyorsanız önce gerçek bir kadın olun. Öyle bir âşık olun ki kendinize, kimseler üzemesin sizi. Kendinizi bilmeden aşkı bilmek istemeniz büyük cehalet ve büyük cesaret. Önce kendinizi bilin, sevin ve kutsayın; ardından hak ettiğiniz ve hayal ettiğiniz gibi aşk size gelecek.

Birine çok âşıksanız ve o da sizi sevsin istiyorsanız yedi tane kırmızı gül yaprağı alıp sevdiğiniz kişinin adını ve soyadını gül yapraklarının üzerine yazın. Tamamen olumlu enerjiler içerisinde o yaprakları bir sürahi suyun içine koyun. En az yedi gün onu sevdiğinizi ve onun da sizi sevdiğini isimlerinizi de tekrar ederek suya söyleyip içmeye devam edin. Bunu yaparken yuvası, ailesi olan biri olmadığından ve bir başkasının hayatına, ailesine zarar verip karma yaratmadığınızdan emin olun. Sevgiyle ve kaygı duymaksızın iyi düşünceler içinde belli aralıklarla bu çalışmayı yenileyin.

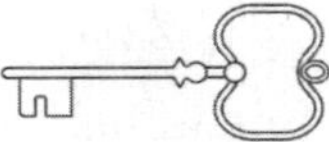

Güzelleşme Ritüeli

Dolunay'ın çıktığı bir geceyi takip edin ve bir şişe saf gül suyunu ay ışığı alacak biçimde dışarda bekletin. Yeniay vakti gelene kadar gül suyunu muhafaza edin ve Yeniay vakti gül suyunun içine 1000'er kere "Ya Sania külli masnu, Ya Nur, Ya Latif, Ya Hayy," isimlerini söyleyin. Her gece yüzünüzü o gülsuyu ile silmeye devam edin.

Bunu 2013 yılında 97 kiloyken ve son derece çirkin hissettiğim bir dönemde denemiştim. Çok kısa bir süre sonra her ortamda konuşulan konu ne kadar güzel bir kadın olduğumdu. Kesinlikle işe yarıyor ve elbette benim bunu sevgi ve inançla yapmış olmamın ve kutsal ay ışığının katkısı çok büyük ve elbette o güçlü titreşimlerin, Esma-ul Hüsna'nın yeri ve önemi tartışılmaz.

Farklı inançlara mensup kimseler gül suyuna "İyi, güzel, ışık, ışıltı, parlak, aydınlık, muhteşem, harika," gibi sözcükler söyleyerek ve yine bu sözcükleri binlerce kez tekrar ederek yine muhteşem sonuçlar elde edebilirler. Elbette sıradan olmayan kadınların güzellik sırları da sıradan olmayacaktır! Bizim toniklerimiz ay ışığında beklemiş ve olumlu kelimeler kodlanmış tonikler olacak ve güzelliğimizin, ışıltımızın formülünü dünyada hiçbir estetik firması üretemeyecektir.

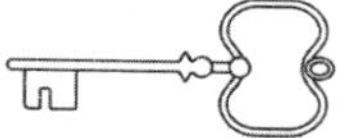

Su

Su sihirlidir. Evet, bildiğimiz sudan bahsediyorum. Bazı şeyler etrafımızda kolayca var olduğu için öneminin farkına varamayız. Su, hava, toprak, gün ışığı, ağaçlar... Esasen öyle kolayca bulduğumuz çoğu şey şifadır ve yokluğu insan için öldürücü olabilir. Her yaratığın aradığı şifa kendi yaratılış mevkiindedir, fakat biz daima onu uzaklarda ararız. İnsanın beden ve ruh sağlığıyla yoluna devam etmesi için gezegenimizdeki tüm tatlı ve tuzlu sular kullanıma sunulmuştur.

Su kutsaldır. Tüm kaynaklarda kutsal olarak kabul edilir. Temiz, kutsi ve azizdir. Nasıl dışımızı temizliyorsa, nasıl tüm dünyayı temizliyorsa içimizi ve enerji bedenimizi de su temizler. Vücudumuzda bulunan negatif elektrik iyonlarını küçültmek için bol su tüketmek en basit çözümdür. Bu sayede hücreler yenilenir ve yepyeni bir elektrokimyasal alan oluşur. Kirlenmemiş, yeni ve pozitif elektrik akımları ortaya çıkar ve böylelikle saf ve diri, yenilenmiş bir auraya sahip oluruz. Mikrop kırmak, aynı zamanda negatif enerjiyi dağıtmak ya da tersine hareket edildiğinde aynı oranda negatif enerjiyi çoğaltmak yine su ile mümkün olabilir. Nasıl uzayda masmavi bir bilye gibi görünen gezegenimizin 4'te 3'ü sularla kaplıysa, vücudumuzun da yüzde 70'i suyla kaplıdır.

Japon bilim insanı Masaru Emoto yıllar boyu suyu dondurarak donmuş su kristallerini fotoğrafladı. Olumlu sözcükler ve olumsuz sözcükler söyledikten sonra dondurduğu su kristallerinin fotoğraflarını kıyasladı, sonuç inanılmazdı. Çünkü olumlu kelimeler söylenmiş su kristalleri harika çiçek desenlerine benziyorken, olumsuz kelimeler söylenmiş kristaller bozuk, şekilsiz ve deforme olmuş haldeydi.

Suyun hafızası, algısı var mıdır? Evet. Su sihirli midir? Evet. Çünkü biz hep abrakadabra sonucu mucizeler beklesek de, gerçek sihir ve mucize hep burnumuzun ucunda durandır. En güzel su kristalleri sevgi ve minnettarlık ifade edildiğinde ortaya çıkar. Teşekkür ederim, seni seviyorum, güzel, iyi, sevgi, huzur gibi olumlu kelimeler su kristallerinin en harika motifleri deneyimlemesini sağlıyor. Minnet, şükran ve sevgi ifadelerini içtiğimiz suya, sudan bedenimize ve dile getirerek karşımızdaki su dolu insanın ya da başka canlıların vücuduna aktarmak da tıpkı bunun gibi kolay ve olağan biçimde gerçekleşir. Her gün kendimize şükran ve sevgi sözcükleri söylenmiş sular hazırlamak ve sık sık bu cümleleri tekrar etmek pozitif bir doğurganlık sağlayarak muhteşem bir huzur ortamı oluşmasını sağlıyor. Dua edilen ortamlara sürahilerle sular bırakılır, sonra dua bittiğinde o sudan herkes içer. Suyun hafızası olduğu ve tüm sözcükleri ortamın ve ortamdaki insanların enerjileriyle birlikte kodladığı en eski zamanlardan beri bilinmektedir. Su kodlar, alır, kaydeder ve aktarır.

Bu dünyada çözemediğimiz milyonlarca gizemin kaynağı belki sadece basit düşünmekten geçiyor. Bir sorun varsa çözüm de oralarda bir yerdedir. İlahi sistem şifayı yaranın bulamayacağı bir yere saklamaz. Aksine, tüm yaralar birer alarmdır ve çözümleri de kendi içinden fışkırır. Şifa içimizden dışımıza, dışımızdan içimize suyla akar. Suyun yokluğu kurumak ve ölümdür. Varlığı hayat, çare ve dirilmektir.

Kutsal kaynaklarda öfkenin ateşten olduğu vurgulanır. Öfke, tutku, kızgınlık, kızarmak, kırmızılık ateş elementinin yoğunlaştığına işaret eden emarelerdir. Ateşin zıddı sudur. Öfke ve huzursuzluk içindeki kimseler mutlaka yıkanmalı, en azından mümkün mertebe suyla temas etmelidir. Artık Osmanlı Dönemi'nde akıl hastalarının su sesiyle tedavi edildiğini herkes biliyor. Suyun sesi şifadır.

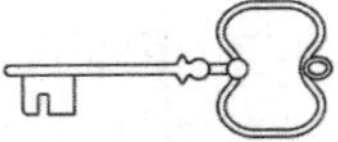

Su Ritüeli

Her şeyden önce herhangi bir ritüel, dua ve spritüel çalışma öncesi su içmek, idrara çıkmak ve duş almak yapılacak çalışmanın etkisini artırır. Herhangi bir niyete girmeden, duaya başlamadan, dilek dilemeden önce mutlaka bolca su içmek, mümkünse içmeden önce suyun içine kendi diline göre iyi, güzel, huzur, sevgi, esenlik, serinlik, umut vb. kelimeler söylenerek içmek gerekir. Sonrasında mümkünse birkaç kez ya da olabildiğince idrara çıkmak, enerjiyi düzenlemek ve temiz bir aura alanı oluşturmak için önemlidir. Bunun ardından madde bedeni de yıkayarak iç ve dış olarak isteklerimizi kendimize çekmiş ve niyetlerimizin gerçekleşmesi için uygun ortama sahip olmuş oluruz. Ortam bedenimiz ve ruhumuzdur. Artık enerjimizi düzenlediğimiz ve pozitif ortam oluşturduğumuz için amacımıza giden yolda daha etkili hale gelmiş oluruz. Mümkünse tüm niyetlerinizi anlattığım şekilde suyla temizlenip arınarak yapın.

Gökyüzünde su elementi olan burçlar ve gezegenler arasında uyumlu açılar varken, kendinizi huzurlu hissettiğiniz, kendinizden ve ne istediğinizden emin olduğunuz zamanlarda, güzel bir yağmur ya da kar yağarken bir kâğıda bir tane (o an için yalnızca bir tane) niyetinizi içeriğinde olumsuz bir kelime kullanmadan (-me -ma eklerini de kullanmayarak) yazın. Kâğıdı bir bardak suya bırakın ve o suya tekrar niyetinizi söyledikten sonra için. Bunu 3, 5 ve en etkilisi 7 gün devam ettirin. Kâğıdın bulunduğu suya su ilave ede ede içmeye devam edin.

Her defasında niyetinizi tekrar edin. Kâğıttaki yazı silinebilir, dert değil, su mesajı aldı ve kaydetti. Tekrar ettikçe kaydediyor, içtikçe vücudunuza aktarıyor, aktardıkça o niyete dönüşüyorsunuz, siz o niyet oluyorsunuz, o siz oluyor. Niyete devam etmeye karar verdiğiniz gün sayısı bittiğinde kâğıdı toprağa gömmeniz ya da bir ağaç, çiçek dibine dökmeniz gerekir.

Aslında kâğıt ve kalemin kimyasal yapısı nedeniyle tereddüt edenler var ve haklılar, fakat kâğıtlara dua ve niyet yazıp içmek sadece benim bildiğim 1000 yıllık geçmişi olan bir çalışma. O zaman elbette her şey gibi kâğıt ve mürekkepler doğal malzemelerden üretiliyordu. Eğer başarabilirseniz dileğinizi şifalı bir bitkinin yaprağına kazıyarak da yazabilirsiniz, yeşil bir yaprak ya da iri gül yapraklarına dileklerinizi yazarak da içebilirsiniz. Bu çok sağlıklı ve çok daha sihirli bir şeye dönüşür.

Her ne üzerine çalışırsanız çalışın, hep kolaylıkla ve tereddüt etmeden çalışmak gerekir. Böylesi daima başarı getirir. Burada mühim olan suya niyeti yazarak ve söyleyerek kaydetmek ve bu kaydı vücudumuza, oradan da bulaşıcı bir iyilik hali gibi suyla beslenen herkese, her yere, gökyüzüne ve okyanuslara ulaşana kadar aktarmaktır. "Ne yani, suyla dileklerimiz gerçek mi olacak?" sorusunun ne kadar yavan kaldığını ispat edercesine, bu çalışma dileğimizin su aracılığı ile evrenin su bulunan her tarafını dolaşmasına ve isteğimizi bize getirene dek yoluna devam etmesine neden olur. Almak, kaydetmek ve kaydettiğini yaymak ve güçlü tutmak suyun işi.

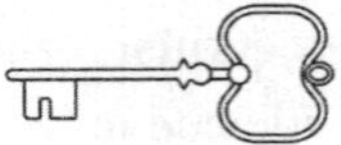

Ağaç Ritüeli

"Kıyametin koptuğunu da görseniz elinizde bir fidan varsa onu dikin." Hz. Muhammed

"Eğer bir ağaç dikmekteyseniz ve biri gelip size Mesih'in geldiğini haber verirse, ilk önce ağacı dikmeyi tamamlayıp daha sonra gerçekten Mesih'in gelip gelmediğine bakınız." Talmud

"Biz Samanyolu'nda yan yana yolculuk yaparız; ağaçlar ve insanlar." John Muir

Ağaçlar eşitliğin ve bilgeliğin sembolü olarak ayakta dururlar, kimseyi ayırt etmeksizin gölgelerinden faydalandırır, oksijen sağlar, dünyaya nefes aldırırlar. Onlar dünyanın akciğerleridir. Tabii ki tek amaçları bu değil, Kabala öğretisinde her şey ama her şey Kozmik Agaç'ın içinde titreşen on adet hayat veren enerjiden meydana gelmektedir.

Neden ağaç bu kadar kıymetli? Çünkü hayat nefesle başlıyor. İnsanın doğar doğmaz ihtiyaç duyduğu ilk şey ve hayat boyu bir an bile bırakmadan yaşamak için çaba sarf ettiği yegane şey nefestir ve ağaç nefesin yaratım sürecinde hizmet eder. Topraktan kudret alır, güneş ışığı ve suyla beslenir, sonra ürettiği oksijeni havaya karıştırır. Dört elementin eksiksiz birleştiği tek varlıktır. İşte bu yüzden bir fidan diktiğinizde hem toprağa, hem havaya, hem güneşe hem de suya bir armağan vermiş olursunuz. Ağaç onlara hediye edildikten sonra onlardan aldığı enerjiyi tüm dünyaya hizmet etmek üzere ortaya çıkarır.

Kutsal kitaplarda geçen Adem ve Havva'nın yasak ağaca dokunma hikâyesini hatırlayın. Neden yasaktı? Çünkü bilgi ve yaşam ağacıydı. Yaşam ağacı içerde can bulan kısmı, dışından onu örten kısmı ise iyi ve kötünün bilgisine sahip olan bilgeydi. Âdem ve Havva dışardaki bilgi ağacının meyvesini yer yemez cinsel organları birbirlerine gösterildi. Onlar ikisinin birbirinden farklı cinsiyetlere sahip oldukları bilgisine böylece vâkıf oldular. Sonra utanıp incir yaprakları ile örtünmeye çalıştılar. Böylelikle dünyada bitip tükenmek bilmeyen kadın-erkek eşitliği mücadelesi de başlamış oldu, bölündük. Yanlış bir şey yaptıklarını biliyorlardı, çünkü Allah onlara o meyveden yememelerini söylemişti. Bundan utanç duyarak, bu defa kendilerini Allah'tan gizlemeye çalıştılar ve işte o vakit Allah ve kul arasında asırlardır devam eden var mı, yok mu karmaşası ve uzaklaşma başladı. İşte o gün dualite doğdu ve ikilik çıkmadan evvel her şey birdi. Bu sebeptendir ki yüzyıllarca Allah birdir diye haykıran elçiler geldi. Onlar yasak meyveden, bilgi ağacından gelen bölünmeyi tamamlamak istiyorlardı, ayrım ancak birlik felsefesiyle ortadan kalkabilirdi. Eğer bu ikilik çıkmasaydı her birimiz cennette sorunsuz, savaşsız yaşıyor olacaktık; fakat işi daha farklı bir boyuttan ele alınca, insana kurcalayıcı ve sual sorucu aklı da veren yine Allah'tı ve bu sorgulayan akılla bir aziz mi olacak, yoksa bir zalim mi, yine insan kendi karar verecekti. Bu sayede aslında aklı iyiliğe çalışan ve kötülüğe çalışan arasında ayrım yapılması da mümkün oldu. Artık evvelce bilinen tasarımlar, yani kaderler insana yaşatılarak gösterilecekti, herkes seçtiğinden sorumlu olacaktı; çünkü insan kurcalayıcı aklının gerektirdiğini yapmış ve bilgi ağacını merak etmişti bile. Bilgi olmadan aklın da bir anlamı yoktu. Öyle ya, Allah'ın melekler önünde övdüğü insanın melekleri hayrete düşüren en önemli özelliği de yine aklıydı.

Ağaçlar bilgedir. Onlar sessiz seslilikleri ve kurdukları kök telepatik bağları ile bilgiyi enerji gibi yayarlar. Bir ormana gidip birkaç ağaca sarılın, gözlerinizi kapatın ve bilgisinden isteyin. Nasıl ilginç deneyimler yaşadığınızı göreceksiniz. Burada unutulmaması gereken en ince detay ise aklın istediği bilgiyi alıp kalp süzgecinden geçirebilmeyi başarmak olacak. Çünkü ruhuyla; yani birlik içinde olduğu, bir bütün olduğu Allah enerjisi ile bağını koparan bir akıl daima ayrıştırıcı ve huzursuz bir enerji yayacaktır. Geveze bir kuş misali sorgulayacak ve bulduklarıyla asla yetinmeyecektir. Ancak kalbin sesi, ruhun mesajı devreye girdiği vakit akıl da tatmin olabilecektir. Bir ağaca bakarken hep bunu düşünün; bilginin ayrıştırıcılığını değil, bütünleştiriciliğini seçin. Kalbin ve aklın kucaklaştığını, eril ve dişilin bir bütün olduğunu, Allah'ın cinsiyetsiz olduğunu hatırlayın.

Evvelce insan da bu vasfa sahipken, kurcaladı ve kendisini bitmek bilmez mücadelelerle dolu fani dünyaya attı. Bilmek istedi ve bildi, ancak böylelikle birliğinden ayrıldı. Uyuyan siyah ve beyaz, eril ve dişil, iyi ve kötü enerjiyi uyandırdı. O zor bir yolu seçmiş oldu ve yine başa dönersek eğer, onu insan yapan da buydu.

"Tohumda ağacın planı var." Evet, her tohumda ağacın planı var, ağacın kaderi tohumunda gizli, onu toprakla buluşturmak kaderine uzanan yolda ona bir şans vermekle eşdeğer. İnsan yeryüzünün yöneticisidir. Ona bu vasfı veren tek özelliği ise aklı. Bazen zalimliğe, bazen iyiliğe çalışan o melun ama olmazsa olmaz akıl, insanı bulunduğu gezegende patron yapıyor ve patronluk sorumluluk demek.

Yediğiniz bir meyvenin çekirdeğini çöpe atıp bilinmezliğe sürükleyen bizleriz, kaderi bizim elimize geçmiş bir ağacın planını çöpe atıyoruz. O ağaçtan açığa çıkacak faydayı onlarca, yüzlerce yıl beslenecek canlıları ve minicik çekirdeğin içine büyük bir incelikle işlenmiş olan planı hiçe sayıyoruz, ona sadece çöp muamelesi yapıyoruz. Oysa toprağa atıldığında büyüsün ya da büyümesin her çekirdeği toprakla buluşturmak bizim görevimiz. Dünyanın eskisi kadar güzel bir yer olmamasında ağaçların planına yapılan saygısızlıkların yattığını biliyor muydunuz? Bilseniz onun minik planlarını çöpe atabilir miydiniz?

Eskiden daha çok ağaç varken ve çöp kutuları yokken, insanlar yediklerinin artıklarını toprağa bırakıyorken, çekirdekler toprakla bütünleştiriyorken, insanlar toprağa ne kadar muhtaç olduklarının farkındayken dünya böyle bir yer miydi? Tabii ki hayır. O zamanlar tarım üstündü ve insanlar bu yüzden daha dikkatliydi. Şimdi yine tarım üstün; ama bunun bilincinde gibi görünen tek grup, aslında toprağı daha çok para için zehirleyen çiftçiler. Onlar sadece topraktan kısa vadede alacakları paranın bilgisini yeterli görmekteler. İşte bu yüzden, yediğimiz hiçbir meyvenin çekirdeğini çöpe atmamalıyız. Onu muhafaza edip belli aralıklarla muhakkak toprakla buluşturmalıyız; biz görevimizi yapalım ve sonucunu kadere bırakalım. Toprağa bir armağan vermek gibisi yoktur. Toprağa verdiğimiz her armağan bize büyüyerek geri gelir. Canına can kattığımız tüm fidanlar ve çiçekler sahip olduğu enerjiden bize de ikram ederler.

Biz narı ya da mandalinayı lezzeti ağzımıza hoş bir tat versin diye tüketiriz, oysa onların da planları ve yaydıkları kendilerine has enerjileri vardır. Her birinin tıpkı insan gibi, sessiz sedasız yaptıkları görevleri vardır. Her biri bir durumun ya da konunun sembolüdür ve kendisine verilen özelliklerin enerjilerini yaymakla yükümlüdür. Onun tohumunu, çekirdeğini ya da fidanını toprakla buluşturduğumuzda biz de onun amacına hizmet etmesine destek olmuş ve o enerjiden nasibimizi almış oluruz.

Buğday ekmeğin doğurucusu, tüm dünya insanını besleyen bereket sembolü. Onu toprağa attığımız vakit sadece buğday ekip tarım yapmış olmazsınız, onun kendini gerçekleştirmesine katkı sağladığınız için ona verilen bereket enerjisinden maksimum biçimde yararlanmış da olursunuz.

Toprağa bir çekirdek atın, bir parça buğday serpin ya da arzunuza benzeyen bir fidan dikin. Toprak bizim de hammaddemiz. İsteyin, ekin ve teşekkür edin. Göreceksiniz ki o enerjiden siz de nasibinizi alacaksınız.

Yaşam Ağacı

Tüm eski ve mitolojik kaynaklarda, "dünya ağacı", "hayat ağacı" gibi farklı isimlerle anılan, özel, kutsal, türeyen, çoğalan, türeten ve göğe doğru uzanan, yere sapasağlam köklerle bağlanan ağaç sembolünün, en bilindik ismi Hayat Ağacı ya da Yaşam Ağacı'dır. Bu ağaç, birçok inanç ve kültürde "Dünya'nın tam ortasında, yani merkezinde yaşayan ve üzerinde bulunan bütün canlıları bir araya getiren kutsal ağaç" olarak betimlenirken, gökten geldiğine inanılan semavi dinlerde Hayat Ağacı'nın cennet bahçelerinde bulunduğu düşünülür.

Hayat Ağacı her toplumun önem verip, bahsettiği ve kendi yaşam biçimine, inancına göre yorumladığı halde, değişmeyen kısım ve Hayat Ağacı'na yüklediği benzeşen anlam "sonsuz canlılık, nimet, bereket, sonsuz hayat, hayatta kalmak için gereken kaynağın özsuyunu tutan kutsal ve sağlam ağaç, umuda uzanan ve birlik bilincini koruyan ağaç" gibi fikirler ortak fikirlerdir.

Tarihte ilk Yaşam Ağacı tasvirlerine Hititler ve Asurlular'ın mühürlerinde rastlarız. Mezopotamya halkının günlük yaşamında rutin olarak kullanılan Yaşam Ağacı tasvirlerinin en eskileri MÖ üç bin yıllarına dayanır. Bunun evvelinde ise Geç Taş Devri halklarında adına direkt ağaç denmemekle birlikte, "Hayat Bitkisi" kavramından bahsedildiğini görmekteyiz. İslam'da ise Kuran'da bahsedilen Tuba Ağacı kavramını görüyoruz. Dalları yeryüzüne, kökleri gökyüzüne bakan bu ters ağaç bir yönüyle insanların yaptıkları iyilikler nispetince meyve almasını anlatıyor. Bu ağaç yapılan iyiliklerle büyüyen ve güçlenen, kişilerin iyilikleri nispetince onlara nimet veren kutsal bir ağaç olarak yorumlanabiliyor. Yani kutsal kitap Kuran'da da karşımıza kutsal ağaç kavramı çıkmış oluyor.

Öte yandan Türk kültüründe Yaşam Ağacı dünyanın merkezinde bulunan ve dünyanın yaratılışından beri mevcut olan, göğün yedi kat üzerine kadar uzanan, yedi kat yer ile yedi kat gök arasında ruhsal bağlantı kuran ağaç olarak anlatılagelmektedir. Hayat Ağacı'nın Türk kültüründeki bir diğer anlamı ise üreme, türeyip çoğalma ve evlat ile ilişkilendirilmiş olmasıdır. Tevrat'ta direkt olarak Hayat Ağacı şeklinde anılan ağaç bu nedenle binlerce yıldır Kabala öğretisi gibi kutsal öğretilerde çeşitli yorumlarla ve farklı biçimlerde betimlenmektedir. Sonuç olarak bu ağaç beş duyu ile görünüp bilinmese de, süregelen varlığı ruhsal ve kutsal bir sembol olduğunun göstergesidir. Ancak içine dönüp belli manevi aşamalar kaydeden kimseler ve her şeyden önemlisi insanlığın, hatta tüm canlıların bir ve birlik içinde olduğunu idrak eden kimseler kutsal ağaçla bir ve bütün olabilir. Bu birlik üstün bir korunma ve zenginliktir.

Taç: Yaradan'ın niyeti. Yaradan niyet etti ve insanı var etti, birlik bilinci bozulmamışken niyet edip hemen almak insanda da var olan bir özellikti. Yaradan'ın niyetinin insanı en mükemmel halde görmek olduğunu iyice kabul etmek oldukça önemli.

Bu konuda yetkinleşmek için elma ağacı, buğday ve zeytin ağacı ekebilirsiniz. Onlara dokunmak, sarılmak, sulamak Yaradan'ın niyetini anlamak ve onunla bir olmanızı kolaylaştırmak için yardımcı olabilir.

Bilgelik: Akıl ve ruhun birleştiği gerçek bilgi kaynağı, yani sezgi, ruhun ve bedenin arasındaki bağlantıyı yeniden kurar. Kendinizi Yaradan'dan ayrı görmeyin ve her an onunla bir bütün olun. O vakit niyetinizin mimarı siz olacaksınız, tüm ikilikler ortadan kalkacak. Bilgeliğe ulaşmak için kızıl Kaliforniya çamı ya da bilindik tüm çam ağaçlarıyla bir bütün olmaya gayret edebilirsiniz. Onu evinize alın, bahçenize dikin, sulayın ve bilgelik arzunuzu ona yükleyin.

Anlayış: Bir dileğin olması, bir niyetin gerçekleşebilmesi için disiplin, zaman ve mekan algısını iyi kavramak gerekir. Niyeti zamana ve zemine oturtmak korkulardan arındırılmış bir anlayışı gerektirir. Niyetlerinizi sağlam zeminlere oturtabilmek ve anlayış noktasında yetkinleşebilmek için kayın ağacıyla bir bütün olmaya gayret edin. Kayın ağacından izin isteyerek bir dalı evinize getirin, ona düzenli olarak sarılın, mümkünse ekin ya da belli aralıklarla o ağacı ziyaret edip sulayın, sarılın.

Merhamet: Merhametin olmadığı hiçbir aşamanın kıymeti yoktur. Birini kıymetli yapan yegane özellik ondaki merhametin varlığı ve derecesidir. Affettikçe genişlersin, genişledikçe ferahа çıkarsın, şefkatin varsa affedersin, şefkat merhameti besler, merhamet şefkatin uyanışıyla gelir. Tüm bunlar Yaradan'ın insanı en güzel şekilde yaratmasına da en mühim sebeplerdir. O merhamet ve şefkatle dolu oluşunu mükemmel bir projede, yani insanda tamamlar. Affetme sorunu yaşayan, şefkat ve merhametini uyandıramayan arzularına uzak kalmakla kalmaz, daima yanlış olanı arzu eder.

Bu konuda meşe ağacından yardım alabilirsiniz. Meşe ağacı ile bir ve bütün olmak için ne lazımsa yapmalısınız. Onun enerjisini ekerek, ziyaret edip sarılarak ve besleyerek, sulayarak, hatta güneş ışınlarını güçlükle alıyorsa buna engel olacak bir budama yaparak başarabilirsiniz. O da böylece kendisine bahşedilen şefkat ve merhameti yayma enerjisinden size de bahşedecektir.

Kudret: Bu aşama Hz. Musa'nın eylem, yargı ve heybetli Mars enerjisiyle bağdaşır. Az evvel merhamet olmazsa olmaz dedik. Evet, merhamet en mühim parçaydı. Şimdi de kendimize ve yayılan tüm kangrenleri tedavi etmeye yönelik Mars enerjisini ortaya çıkarma ve gereksiz, zararlı olan ne varsa kestirip atma vakti. Savaş fikri kötü gibi gelse de zarar veren enerjilerle savaşmak merhametin gereğidir, çünkü zarar veren kötücül enerjilerle savaşarak iyicil ve masum olanların hakkını savunmuş olursunuz. Bazen hiddetli ve heybetli olabilmek de Yaradan'ın niyetinin gerçekleşmesinde büyük rol oynar, bazen ilahi sistemin yönetiminde zorla yapmak felsefesi de gerekir. Kararlı ilerlemek ve faydasız olanı kestirip atmak için kudret eli gerekir. Bu enerjiyi beslemek için yine çam ağaçlarından yararlanabilirsiniz.

Güzellik: İlişkilerimizin tümü ve doğayı tutan melekler bu noktadan itibaren sonuç aldığımız, bize katkı sağlayan tüm davranışları ve niyetleri tekrar etme bilincinden alır. Doğru olanı kopya edin, tekrarlayın ve alışkanlık haline getirin; bu tüm yaratım niyetiyle bir bütün olma yolunda artık öğrenciliğinizin sonlarına yaklaştığınızın göstergesidir. Gösterdiğiniz çabadan gelen meyveleri alıyorsanız ve onları ekmeye devam ediyorsanız, yine de çabalarınız kısır kaldıysa hemen başa dönün ve bir elma ağacı ekin. Elma çekirdeğini toprakla buluşturun. Onu canlandırın ve onunla canlanın.

İletişim: Merkür ve haberci meleklerin, doğa meleklerinin enerjisi. Diyelim ki bir niyet tuttunuz, Yaradan ile bir bütün olup başa dönmeyi ve onun dediği gibi "ol diyerek oldurma" yoluna girmeye niyet ettiniz. Bu aşamada hayattan her ne istiyorsanız; evlilik, para, araba, ev, bilgelik, aşk o niyeti bir surete büründürün ve onunla konuşun. Ona onu istediğinizi söyleyin, o geldiği zaman yapacaklarınızı anlatın. Haberci meleklerin, İdris Peygamber'in ruhaniyetinin onu nefes ve havayla beslemesini istediğinizi dile getirin. Bu aşamayı beslemek için portakal ağacından yardım alabilirsiniz. Niyetinizi bu ağaca yükleyip onunla konuşabilirsiniz. Niyetinize baktığınız gibi, ona da sevgiyle bakarak bu aşamayı da sevgiyle halledebilirsiniz.

Temel: Cinsellik, ölüm ve dönüşüm. Eski siz ölün ve niyetinizle yeniden doğun. Korkmayın, eğer dokuzuncu aşamaya geldiyseniz zaten eski siz öldü ve siz yepyeni bir halde yeniden doğdunuz; hem de istediğiniz halde, istediklerinizle. Yeniden doğmak, değişmek ve tıpkı Yaradan'ın planındaki gibi mükemmel halinize kavuşmak için doğmaya niyet edin. Yenilenme arzunuzu pekiştirmek için söğüt ağacından yardım alabilirsiniz. Onu ekin, ona sarılın, mümkünse bulduğunuz yerde dibini kazın ve su verin. Tüm bunları yaparken dönüşüme niyet edin.

Krallık: Sadece yaşadınız, deneyimleriniz oldu, düştünüz kalktınız ve Krallığa ulaştınız. Onun arşı ve kürsüsü var ve siz bir zamanlar onunla ayrılmaz bir halde, neşe içindeydiniz. Onun niyeti sizinle yine eskisi gibi olmak. İşte bu noktaya geldiğinizde Yaradan'ın niyeti, yani mükemmel insan projesi gerçekleşmiş olacak. Şimdi bundan sonra yeni bir niyet tutun. Yaşadığınız sürece bir amacı elde ettikten sonra bir diğerine geçin. Bunca aşamayı bir niyet için kat ettiniz ve geldiğiniz noktada artık eski siz değilsiniz. Adımlarınızı ve niyetlerinizi de ulaştığınız aşama nispetinde büyütün. Bu aşamada karşınıza çıkan ilk ağaç rehber ağacınızdır ve bu size özel bir hediyedir.

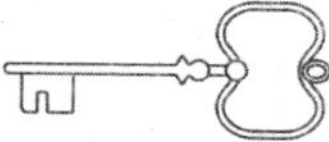

Toprak Ritüeli

İnsanın en kadim dostudur belki de toprak. Mayası ve hamurudur. Sahip olduğumuz her şeyi bize sunan, bizi besleyen ve zamanı geldiğinde örten toprak kutsi bir elementtir. Rahatlamak, huzur bulmak, dileklerine, niyetlerine kavuşmak isteyen kişi toprağı onurlandırmalıdır. Sağlam temeller üzerine hayat kurmak isteyen, aşırı duygusal ve duygularının girdabında boğulan kişiler de toprakla hemhal olmalıdır. Toprağa tohum, çekirdek ya da fidan vermek ama bunu yaparken bir şölene dönüştürmek nasıl bir mucizedir ancak uygulayan bilir.

İhtiyacımız olanlar: Bir parça tohum, çiçek, çekirdek, buğday ya da herhangi bir bitkinin fidanı, biraz su. Toprak bir alana gidiyoruz ve "Ey toprak, bana verdiğin türlü nimetlerin karşılığında sana içtenlikle sunduğum armağanlarımı kabul et," dedikten sonra diktiğimiz bitkiye niyetler yükleyerek, isteklerimizin gerçekleşmesine niyet ederek ekip suyumuzu döktükten sonra teşekkür edip ritüeli bitiriyoruz. Bu çalışmayı esasen herkes yapmalı, fakat kendisini sağlam bir hayat içinde görmeyen, fazla duygusal ve bolluk bereket sorunu yaşayanların yapması çok daha gerekli ve önceliklidir.

Aşka Davet Eden
Gerçek
Yaşam İksirleri

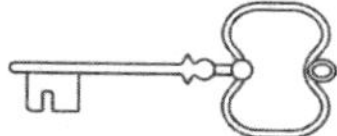

Aşkı Davet Eden Bitki ve Karışımlar

Herkesin en çok istediği, sorduğu, merak ettiği, kimilerinin küsüp sırt çevirdiği, kimilerinin uğruna gözyaşı dökmeye devam ettiği aşk dermansız bir hastalık gibi görünse de, çoğu zaman aşkın da çareleri ve reçeteleri vardır. Yeter ki sırrın ve şifanın doğada ve doğaya dâhil olan insanın kendisinde olduğu kabul edilsin.

Şimdi sizlere evde aşk enerjisini yaymak için şifalı bitki ve çiçeklerden nasıl yararlanabileceğimizden bahsetmek istiyorum. İster uygulamalarla, isterseniz sadece kullanırken sevgiye, aşka, sevmeye ve sevilmeye niyet ederek bu bitkilerden fayda göreceksiniz.

Unutmayın ki bu tip enerjiyi yükselten uygulamalar negatif ya da maji değildir. Tertemiz malzemeler ve saf niyetlerle uygulanır. Eğer sizi hiç sevmeyen biri, evli ya da ilişkisi olan biri ya da sırf egonuz nedeniyle etkilemek istediğiniz biri için yaparsanız bedelini ilerleyen zamanda ağır ödersiniz. Başta iyi gelse bile sonuçları ağır ve korkunç olacaktır. Bu tip uygulamaları, hatta dua ve ritüellerin hepsini mümkünse birbirini seven ya da aynı evin içinde, evli olan ya da birlikte yaşayan ama bir sebepten huzursuz olan kimseler uygulamalıdır.

Gül: Her zaman bahsettiğim ve en sık kullandığım, sevginin en güzel simgelerinden, muhteşem bir çiçektir. Kokusunun yaydığı enerji frekansı hat safhada yüksek, insanın ruhunu canlandıran, yaşadığını hissettiren sevgi şifası, aşk devası bir çiçek o. Bir kadının niyet çekmecesinde, yatak odasında, dua köşesinde bolca gül ürünleri olmalı. Minicik birer damla da olsa gül yağı mutlaka bileklere, kulak arkalarına sürülmeli, sevgi ve aşk duaları yapılırken yine gül suyu ya da yağı muhakkak kullanılmalı. Sadece gül kremi, yağı ya da gül suyu kullanırken "Sevmeye, sevilmeye ve güzelleşmeye niyet ediyorum," denmesi bile o yüksek enerji frekansıyla sevgiyi hayatımızda çoğaltmayı sağlayacaktır.

Sizlere çok basit ve sadece birbirine uygun, toplumca yasak kabul edilmeyen ilişkilerde uygulanması gereken bir ritüeli anlatacağım:

Tam 11 adet kırmızı gül yaprağı koparın. Yaprakların taze ve zarar görmemiş olması önemli. 5 yaprağa kendi isminizi, diğer 5 yaprağa da sevdiğinizin, eşinizin ismini yazın. Son kalan yaprağa ise ikinizin ismini ve erkek olan partnerin soy ismini yazın. Bunu kimyasal bir mürekkeple değil, mümkünse bir iğne yardımıyla, hafif kazıyarak ya da doğal mürekkepler kullanarak yapmaya gayret edin. Bu yaprakları bir sürahi içine alın ve içine bir şişe gül suyu ve yedi damla gül yağı ilave edin. Üçüncü günün sonunda bir kısmını banyo suyunuza ekleyin ve banyonuz bittiğinde bu suyu başınızdan aşağıya dökün "Sevmeye ve sevilmeye, eşimle hayatımızda huzur bulmaya niyet ediyorum," gibi güzel cümleler kurun ve tekrar durulanmadan banyonuzu bu su üstünüzde kalacak biçimde tamamlayın.

Bu sudan hem kendiniz için, hem de sevdiğiniz kişiye ikram edin. İkinizin arasındaki sevgi bağının güçlendiğini ve aranızdaki uyumun arttığını göreceksiniz. Eğer eşiniz ya da sevgiliniz sizden uzaktaysa, kavuşamıyorsanız, ikiniz de üzgünseniz, ona ikram etme şansınız yoksa onun niyetine siz için ve su bitene kadar içme suyunuza karıştırıp içmeye devam edin.

İkinci bir uygulama da gül kesesi uygulaması. Pembe bir adet gülü üç gece dolunay ışığında bekletin, sonra kurumaya bırakın. İyice kuruduktan sonra üzerinizde taşıyabileceğiniz kadar minicik pembe bir kese içine ufalayıp keseyi kapatın. Kesenin üzerine yedi minik damla hakiki gül yağı damlatın ve avucunuzda sıkıca tutarak "Sevgiye, sevmeye ve çok sevilmeye niyet ediyorum; seni saf ve sonsuz sevgi enerjisi yaymak üzere kodluyorum," deyin ve üzerinizde taşıyın, çok faydasını göreceksiniz.

Üzerinde taşıma konusunda sorun yaşayacak olanlar yattıkları yerde baş uçlarına koysunlar ve uyumadan yine gül içerikli bir mum yakarak ve bu keseyi ellerinde tutarak en az 25-30 dakika meditasyon yapsınlar.

Bunlar minik bir iki uygulama, fakat gül içerikli her malzeme aşk, sevgi, huzur ve güzellik için kullanılabilir, unutmayın. Gül ürünleri içinde alkol ve kimyasal olmaması çok önemli. Kullandığınız maddeler saf olmalı.

Manolya Çiçeği/Ağacı: Eğer evlenip yuva kurmak isteyen ama bir türlü bunu yapamayan biriyseniz manolya ağacına ihtiyacınız var demektir. Mümkünse her gördüğünüz yerde sevgiyle manolya ağacına sarılın, her sarılmada "Mutluluk dolu bir yuva kurmaya, hayat eşimi kolaylıkla bulmaya niyet ediyorum," deyin. Bunu yapamayacak olanlar evlerinde bu ağacı yetiştirmeye başlasın ve mümkünse her sulamada, ağaca her bakım uygulaması esnasında yukarıdaki niyeti tekrarlasın. İlginç gelebilir, ama yaydığı enerji bekarları evlendirir, haberiniz olsun.

Papatya: Zarafeti tartışılmaz olan bu çiçeği bolca kurutup yedi beyaz kese içine doldurup yastıklarınızın iç kısmına, gardırobunuza ve çekmecelerinize yerleştirirseniz odanızda huzur ve sevgi enerjisinin en saf haliyle yayıldığına şahit olacaksınız. Yine bolca papatyayı sıcak suda demleyip saçlarınızı yıkar ve alerjik durumunuz yoksa soğutup yüzünüzü silerseniz nasıl da güzelleştiğinizi göreceksiniz. Papatya suyu ile haftada bir gün bile olsun yıkanmak tüm bedeninizi arındıracak ve koruyacaktır.

Safran: Safran çok özel bir bitkidir ve spiritüel çalışmalar için son derece etkilidir. Safranı hem özel ilişkilerde, hem de hayatın her alanında başarılı olmak niyetiyle kullanabilirsiniz. Dolunay ışığı altında beklettiğiniz bir miktar safranı önemli bir görüşmeden evvel birkaç damla üzerinize ya da her gün faydalanmak istiyorsanız her zaman üzerinizde olan bir kıyafete veya aksesuar üzerine damlatırsanız başarı ve sevgiyi derinden hissedebilirsiniz.

Böğürtlen: Eşi hasta olan, evinden kavga eksik olmayan, psikolojik rahatsızlıkları olan ya da eşiyle huzur bulamayan kimseler böğürtlen çiçeğini, yapraklarıyla birlikte eflatun bir kese içinde yatağının baş kısmına yakın bir yere iliştirirse ve "Yuvamda huzur bulmaya, sağlıklı ve huzurlu olmaya niyet ediyorum," derse bu bitkinin şifa ve huzur getirici etkisinden yararlanmış olur.

Sandal Ağacı: Sandal ağacının yağı muhteşem bir enerji frekansına sahiptir. Bu yağı düzenli ve güçlü enerjisinin farkında olarak kullanan birinin mutsuz ya da başarısız olmasına imkân yoktur. Sandal ağacı, zaferan (safran) ve mümkünse birkaç damla da gül yağını karıştırın, beyaz bir kâğıda dileklerinizi yazın, yedi gece yastığınızın altında taşıyıp tüm dileklerinizi tekrarlayarak yedi gece niyet edip yatın. Yedi gece bittikten sonra bu kağıdı akarsu ya da denize bırakın. Tüm isteklerinize kavuşacağınız bir enerji yayacaksınız.

Bu karışımın mürekkep kıvamına getirilmesi son derece önemli ve malzemeler çok hassas ayarlanmalı. Yine eğer hipofiz beziniz hareketlensin istiyorsanız, uyumadan önce iki kaşınızın tam orta noktasına birkaç damla sandal ağacı yağı damlatırsanız etkilerini yakın zamanda hissetmeye başlayabilirsiniz. Sandal ağacı yağını ensenize birkaç damla sürer ve sürerken de "Ben aşk ve şansım," derseniz yine bu güzel enerjiden faydalanmış olursunuz.

Kimyon: Sadece bir kese içinde, üzerinizde taşımak bile sevgiyi çeker. Kavga edilen evde bir miktar kimyon kaynarsa kavga biter. Ayrılık acısı çekenler yedi gün boyunca bir yemek kaşığı kadar kimyonu bir şekilde yavaş yavaş yakarak evde kokunun yayılmasını sağlarsa ayrılık acısı geçer ve kişi huzura erer.

Lavanta: En az gül kadar harika enerjiler yayan, güzeller güzeli bir bitkidir. Lavantayı kaynatıp, birkaç damla da gerçek lavanta yağı ekleyip banyo suyuna katan ve bu suyla yıkanan kişi bedensel ve ruhsal olarak şifalanır. Güzelleşmek için de lavanta suyu ve yağı olan banyolar hazırlamak kişiyi güzelleştirir ve huzurlu olmasını kolaylaştırır.

Narçiçeği ve Nar Ağacı: Sırlarını anlatmakla bitiremeyeceğim bir bitkidir nar. Nar ağacından izin isteyerek ve af dileyerek bir dal almak, bu dala kişinin inancına göre birkaç koruma duası kazımak ve bu dalı evin yüksek bir yerinde saklamak evde koruyucu bir etki oluşturur. Bir adet narçiçeğini dolunay ışığında bir gece bekletip yastığının içine koyan kişi mutsuzluktan kurtulur, sever ve sevilir. Nar, bereket ve tutkuyla dolu bir aşk enerjisini yaymak için buradadır. Dört yol ağzında nar kırıp, toprakta bırakıp, arkanıza bakmadan gitmek ve giderken tüm sorunları geride bırakmaya niyet etmek çok tesirli bir kurtarıcı etki yayar.

Adaçayı: Bilgelik otu, arınma enerjisi yayan son derece güçlü bir bitki adaçayı, üzerlikle birlikte tütsü yapılırsa tüm negatif enerjileri nötralize eder. Yeni taşınacağınız bir evi ya da ofisi taşınmadan önce ve taşınma esnasında bir hafta boyunca mutlaka birkaç dal adaçayı kullanarak tütsüleyin. İçine üzerlik tohumu eklerseniz çok daha güzel olur.

Adaçayı ile kendi korunma keselerinizi yapabilirsiniz. Yurtta kalan öğrenciler, evinden uzak olan kimseler, uykusunda korkanlar mutlaka bir mini buket adaçayını yastıklarının yakınına koyarak uyusunlar. Hatta minik bir beyaz kese içine birkaç dal adaçayı, birkaç parça kaya tuzu, birkaç dal kekik ve birkaç tane üzerlik tohumu koyarak korunma niyetiyle yastıklarının kenarına koyabilirler. Evinizden uzakta olacağınız vakitler için de böyle bir korunma kesesi yapabilirsiniz. Bu kesenin yaydığı enerji sizi kâbus ve negatif enerjilerden koruyacaktır.

Telepati Çalışmaları İçin Günlük Ağacı: Günlük diye isimlendirilen ağacın dış yüzeyindeki kabuklar ve birkaç damla sedir yağı, birkaç damla sandal ağacı yağı bir metal kap içinde hafifçe yakılıp sessiz bir ortamda tütsüleme yapılırsa telepati ve dua-niyet çalışmaları çok daha kuvvetli olur.

Kafur Ağacı/Yağı: Bu bitkinin kutsiyeti saymakla bitmez. Tüm din ve inançlarda özel bir yeri vardır, fakat bulmak çok zordur. Kafur, sedir, safran ve sandal ağacı yağı birer çay kaşığı kadar karıştırılıp minik bir cam aksesuar üzerinde taşınırsa kişi için muhteşem bir iksir ve koruyucudur. Enerjisi tartışılmaz kuvvettedir. Tüm ibadet, dua ve meditasyonlar esnasında bu karışımları kullanmak ekstra başarı ve sonsuz bir manevi doyum sağlayacaktır. Psişik güçleri harekete geçiren bir bitkidir.

Kedi Otu: Bu ot hakkında çok konuşulan, dedikoduya maruz kalan, olumsuz insanlarla bir arada yaşamak zorunda olan kimselerin muhakkak kullanması gereken bir bitkidir. Bu bitkinin tüm dal ve yapraklarıyla uyuduğunuz odayı, evinizi hatta balkonunuzu, bilhassa dış cephe camlarınızı tütsülemek harika bir koruyucu ve dedikodu kesici etki yayar. Tütsülemeden önce kısa da olsa meditasyon ve dedikoduların kesilmesine, huzurlu insanlar dışındakilerin hayatınızdan çıkıp gitmesine niyet etmeniz önemlidir.

Pelin Otu ve Melisa Yağı: Bu iki bitki ruhsal hastalıkların tedavisi için muhteşem birer iksirdir. Ruhsal sorunları olan, mutsuz ve umutsuz kimseler gerekli tıbbi tedavileri uygulamakla birlikte bolca pelin otunu bol suda kaynatıp içine bir minik şişe dolusu hakiki melisa yağı ilave eder ve bu suyla üç-dört günde bir banyodan sonra durulanırlar ve üzerlerinde kalacak şekilde banyodan çıkarlarsa harika bir iyileşme yaşarlar. İlla ki bir sorun olması da gerekmez, bu iki ot tam birer şifa ve mutluluk kaynağıdır.

Gerçek İksirler İstiyorsanız

"İksir" deyince çoğu insanın aklına olumsuz şeyler geliyor olabilir. Oysa sözlük anlamına bakıldığında iksirler, insana şifa veren düşsel sıvılar ve güçlü karışımlardır. Her zaman bahsettiğim üzere, doğa ve doğanın tüm ürünleri sonsuz bir şifa barındırır. Her şeyin çözümü bitkilerde, toprakta, bazen hayvanlarda, suda, havada ve ateştedir. Gönderildiğimiz bu gezegende kendisini kötü ya da hasta hisseden birinin şifa bulması ve her birimizin huzurla yaşaması için ihtiyaç duyabileceğimiz her şey mevcuttur. Yeter ki doğru karışımlar doğru miktarlarda kullanılsın. Çeşitli bitkilerden elde edilen özler, aslında dünyanın minicik hale getirilmiş özleridir.

Bütünden parçaya ve parçadan bütüne doğru incelediğimiz vakit, aslında bunların hayal, düş ve safsata değil, son derece mantıklı düşünceler olduğunu görebiliriz. İçtiğimiz tüm ilaçlar doğadan elde edilmiyor mu? Peki kimyasallar, petroller? Yani zararlı ya da zararsız tüm bileşenler, ilaç ya da zehirler bu gezegende mevcut; biz yeter ki iyilik ve sevgi yolundan ayrılmayalım, elbette her derdin dermanı bulunur.

Aşk ve Sevgi İksiri

Hayatında aşk adına eksiklik hisseden, sevilmeyen, sevgisiz hisseden herkesin uygulayabileceği bir bileşenden bahsetmek istiyorum. Bir pembe baş, bir kırmızı baş taze gülü izin isteyerek ve özür dileyerek dalından kesin. Bulamıyorsanız, çiçekçilerden de temin edebilirsiniz. Bir şişe gül suyunu ve iki baş gülü cam bir kavanoza yerleştirin. İçine bir tutam taze ya da kuru papatya, 11 damla portakal yağı, 11 damla gül yağı, 11 damla sandal ağacı yağı, 3 damla melisa yağı, 3 damla hindistancevizi yağı, bir damla ylang ylang yağı ilave edin ve bu cam kavanozu dolunay vakti üç gece boyunca ay ışığında bekletin. Karışımı dolunayın olacağı gün sabahtan yaparsanız daha iyi olacaktır. Mümkünse ağzı açık olsun ya da üzerini incecik bir tülle kapatabilirsiniz. Tüm dolunay ışığı bu güzel karışıma geçsin. 3 gece bittikten sonra bu karışımı her gün birkaç damla kıyafetinize, saçınıza, bileklerinize ve tırnaklarınızın her birine, hem el hem ayak tırnaklarınıza sürün. Tabii ki yine en başta niyet edin. "Dolunay ışığı, yıldız ışığı, bu karışıma tüm çekim gücünü, sevgi ve aşk enerjini ver. Şimdiden sevginin gücü hayatıma yayılmaya başladı ve ben de tüm bu sevgiyi, çekiciliği, cazibeyi bedenime ve ruhuma almaya niyet ettim. Teşekkür ederim." En başta niyetiniz bu olsun. Karışımı hazırlarken de, kullanırken de, dolunayda beklemesi esnasında da sık sık bu niyeti tekrar edin. Bittikçe her dolunay vakti tekrar yapın, devam edin ve mucizeleri görün.

Şans, Çekim ve Güzellik İçin

Yarım litre deniz suyunun içine 7 damla gül yağı, 7 damla portakal yağı, 7 adet kuru hibiskus, 7 damla lavanta yağı ilave edin. Bu karışımın ağzını sıkıca kapattıktan sonra, bir gün akşama kadar güneş ışığında, bir gece ay ışığı altında (ayın görünür olması yeterli, dolunay olmak zorunda değil) bekletin; sonrasında karışım kullanıma hazır hale gelir. Her gün minicik damlalar halinde kıyafetinize ve saçlarınıza damlatabilirsiniz.

Kozmik Oda Spreyi: Evinizi ve Yatak Odanızı Olumsuz Enerjilerden Korumak ve Arındırmak İçin

Boş bir sprey şişesi edinin. Karışım için gerekli malzemeler şunlar: bir şişe gül suyu, 11 adet kaya ya da Himalaya tuzu tanesi, iki yemek kaşığı elma ya da nar sirkesi, mümkünse yarım çay bardağı deniz suyu (yoksa zaten karışımdaki tuz da bu karışım için yeterli olacaktır), bir minik şişe portakal yağı, bir minik şişe sandal ağacı yağı, 11 damla gül yağı, 7 damla limon yağı, 7 damla melisa yağı. Bu karışımı yine cam bir kavanoz içinde dolunay gecesi en az bir gece dolunay ışığını görecek şekilde bekletin. İşte kozmik oda spreyiniz hazır. Bu karışımı bilhassa davetlerden evvel evinizin dış kapısına ve girişten itibaren köşelere püskürtün. Evinizin enerjisinin değişmesini istediğiniz vakit etrafa minicik minicik püskürtün ve harika sonuçları görün.

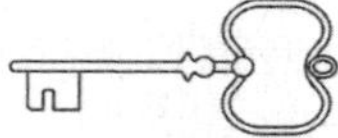

Doğru İlerlediğinizi ve Tekâmül Yoluna Girdiğinizi Nasıl Anlarsınız?

Bu kitapta sizler için tekâmül yolunda daha rahat ilerleyebilmenizi sağlayacak birçok yöntem ve tarifler verdim. Bu tarifleri uygulamaya koyduktan sonra elbette hayatınızda değişiklikler olmaya başlayacak. Bunları fark edebilmeniz ve başarıyor olduğunuzu ayırt edebilmeniz için bazı önemli bilgi ve detayları da belirtmek istiyorum.

Eğer tekrar eden sayı dizelerine sık sık denk geliyorsanız, sadece sayılarla ilgili değil her konuda ilginç eşzamanlılıklar yaşamaya başladıysanız, içinizde nedenini bilmediğiniz bir huzur ve dinginlik hali oluştuysa, her şeyin yolunda olduğunu hissediyorsanız, sezgisel gücünüz arttıysa, artık seçimleriniz konusunda daha net, doğruyu ve yanlışı daha iyi ayırt edebilir ve hayatınızda gelişen olayları önceden hissedip önlem alabilir bir hale geldiyseniz, kendinize sorduğunuz soruların cevaplarını bir şekilde karşınızda buluyorsanız, doğada daha çok vakit geçirmek istiyorsanız, etrafınızdaki ağaçların varlığından huzur duyuyor ve doğaya daha çok sevgi ve minnet besliyorsanız, hayvansal gıdaları tüketme eğiliminiz azaldıysa, hayvanlarla daha güçlü bağlar kuruyorsanız, etrafınızda daha çok kedi, köpek, kuş belirmeye başladıysa, hayatınızda ciddi değişimler, ayrılıklar ve olaylar yaşansa bile içsel bir huzur hissediyorsanız ve her şeyin yolunda gideceğini düşünüyorsanız, kalıcı ve yıllara dayalı dostluklarınız ya da ilişkileriniz bitiyor fakat bu bitişe rağmen güvende olduğunuzu ve doğru olanın bu olduğunu hissediyorsanız, beş duyunuzun güçlendiğini hissedebiliyorsanız, bazen içinizde sizden daha güçlü bir ses kendini size net bir şekilde hissettiriyor ve sizi durdurmak ya da harekete geçirmek için ataklar yapıyorsa, rehber rüyalar görüyorsanız ve rüyalarınız isabet ediyorsa, hatta günlük hayatta uyanık halde bile net anlık görüler ve gerçeğe dönüşen görüntülü duru mesajlar alıyorsanız, artık geçmişle ilgili hiçbir şey sizi üzmüyorsa ve en çok üzüldüğünüz konuların bile size verilen kader programının bir parçası olduğunu olgunlukla kabul edebiliyorsanız, artık isteklerinizin oluşu sizi şaşırtmıyor hatta ihtiyaç duyduğunuz her şey tam zamanında zaten önünüze geliyorsa, affetmek, şükran duymak, sorumluluklarınızı yerine getirmek konusunda artık daha başarılı ve rahatsanız, kaygı ve telaş enerjisini unutup sakin ve dingin kalmayı başarabiliyorsanız, tesadüf diye bir şey olmadığını ve her şeyin tam vaktinde hesap ve takdirle olduğunu fark edebildiyseniz, size değer vermeyen insanları hayatınızdan kolaylıkla ve nezaketle çıkarabiliyorsanız, bedeninizle sürekli oynayıp değiştirmekten vazgeçtiyseniz ve kendinizi olduğunuz gibi seviyorsanız, kişisel hijyeninize önem veriyorsanız, dinlenmek, eğlenmek ve kendinizi mutlu etmek için mutlaka zaman yaratıyorsanız, yalnızlık sizi huzurlu hissettiriyor ve kendinizle baş başa kaldığınızda mutlu oluyorsanız, başkalarıyla ilgili beklentilerinizi neredeyse sıfırladıysanız, kolaylıkla ve nezaketle "Hayır, istemiyorum," diyebiliyorsanız, şikâyet ve mızmızlığı, sitem etmeyi ve aşırı ağlamayı bıraktıysanız buna karşın güçlü ve çok merhametli biriyseniz, olaylar karşısında ağlayıp kahrolmak yerine kalkıp sorumluluk alabiliyor ve çözüm odaklı olabiliyorsanız, başınıza gelen her olumsuzlukta ilahi bir yardımın sizi kuşattığına şahit oluyorsanız, kimsenin görmediği ve bilmediği yerlerde de iyilik etmeye devam ediyorsanız, kıskançlık ve hırs duygularınız neredeyse yok gibiyse, rekabet arzunuz azalıp yok olmaya yüz tuttuysa, başkalarının başarılarına sevinebiliyorsanız ve çoğunlukla kimsenin hayatıyla meşgul olmayıp kendi yaşam yolunuza odaklanıyorsanız, doğru yerde doğru zamanda ve tam da aradığınız insanları, teklifleri ya da koşulları bulabiliyorsanız, kendinize daha çok zaman ayırmaktan memnun oluyorsanız, falcı falcı gezmiyor, geleceği eskisi kadar merak etmiyor, neler olacağı konusunda iyi ve huzurlu hissediyor ve akışa teslim olmuş bir şekilde hayatınıza devam edebiliyorsanız, sizi üzen insanları sevmeyi, onlarla yoluna devam etmek konusunda ısrar etmemeyi ve ilişkilerinizde bağımlılık geliştirmeyi bıraktıysanız, tekâmül yolunda çok büyük ilerleme kaydettiniz demektir.

Çünkü siz, içerideki sizi, yüksek benliğinizi keşfettiniz ve onunla bütünleşmekten memnun oldunuz. Artık kendi kendinizin rehberisiniz. Kimsenin sezgilerine ya da yol göstericiliğine ihtiyacınız yok. Artık siz ve yüksek şuurunuz birlik içinde ve Yaradan'la olan bağı kendi kendine kurabiliyorsunuz. Bu işaretler sizin iyi ve kâmil bir insan olma yolunda başarılı bir çizgide olduğunuzu gösterir. Kendinizdeki gelişim ve ilerlemeyi her gün fark edin ve değişmeyen eksikliklerinizi zamana bırakma olgunluğunu gösterin. Bilmelisiniz ki, niyetiniz iyiyse mutlaka kazanan siz olacaksınız.

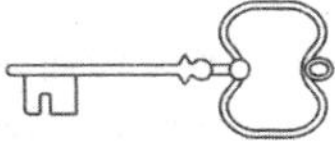

Sonsöz

"İsteklerimizi ciddiye almayıp sınırlar getiren bizleriz, çünkü doğa hiç sınır koymamıştır."

Christian Bovee

Evet, isteklerimizi ciddiye almayan ya da gerçekleşeceğine inanmayan bizleriz. Her birimizin zihninde birkaç olumsuz deneyimden sonra beliren "başaramam" düşüncesi var. Her defasında, başaramazsın diye düşünen ve bu düşünceyi geçmişteki olumsuz deneyimlere dayandırarak tekrar tekrar bize hatırlatan zihnimizin, bunu geveze bir kuş gibi usanmadan tekrar edişi en büyük blokajımız oluyor.

Ben hep inandım. Bir şeyi istiyorsam ona sahip olabileceğime hep inandım. İstiyordum ve hiçbir zaman ikinci bir seçeneği kabul etmiyordum. İstediğim şey iyiyse, faydalıysa, beni sevindirirken bir başkasını üzmüyorsa neden olmasın? Neden daha bereketli ve mutlu bir hayatı hak etmiyor olabilirim ki? Benim de istediğim gibi bir aşk, iş, ev, araba hakkım! Diyelim ki hakkım değildi de! Önemli olan istiyor olmamdı ve biliyordum ki Yaradan vermek dilemese, dilemek duygusunu vermezdi.

Bu kitapta hedeflediğim şey tüm bilgilerin, denenmiş tüm yeni yolların dışına çıkmaktı; çünkü bir isteği olan kişi sadece istemekle kalmayıp ona ulaşmak için tüm yolları ve hatta kimsenin bilmediği yeni yolları da keşfetmek zorundadır. İstediği şey hakkında gerekli araştırmayı yapan, bilgi edinen ve donanımlı hale gelen kişinin önünde her engel, kudretli tutku ateşinin önünde eriyen bir buz kütlesi gibi eriyecektir. Bize dev, sert ve yenilmez gibi görünseler de onları kolayca eritecek tek şey içimizdeki güçlü tutkunun ateşidir.

Dini bütün sayılabilecek bir ailede büyüdüm ve etrafımda bolca ibadet eden insanlar vardı. Her birinin hayatlarındaki mutsuzluk, en başta öz annemin ve ablalarımın çileli ve kurban rolünde geçen hayatları beni çok düşündürüyordu. Kendim de bol bol ibadet ettiğim vakitlerde rahatlıyor ve korunuyordum ama mutsuzdum. Peki inanan, dua eden biri neden ve nasıl mutsuz olabilirdi? Sonunda sırrı keşfettim ve tüm bu sırları bu kitapta paylaştım. İnsan doğanın bir parçası olduğunu her an bilecek, bir kediden ya da köpekten, bir ağaçtan farkı olmadığını idrak edecek kadar tevazulu olmadıkça ve tam bu durumu idrak ettikten sonra içinde farklı olarak ona verilen imgeleme-oluşturma gücünü keşfetmedikçe isteklerine kavuşamıyordu, dolayısıyla mutlu da olamıyordu.

Yunus'un da dediği gibi, en kutsal olan kendini bilip anlamaktı. Bu kitapta sizlere çeşitli dinlerin içerdiği ya da güllü dua kitaplarında kolayca bulabileceğiniz şeyler vermedim, çünkü tüm o kolayca her yerden ulaşabileceğiniz dualar kabul olsun diye önceden öğrenmeniz gereken şeyler olduğunu çok iyi biliyordum. Bu kitabı dua etmek ve ettiğimiz dualara cevap alabilir birine dönüşebilmemiz için yazdım.

Evet dönüşmek ve frekansımızı yükseltmek en önemlisi ve bunun için tüm malzemeler doğada mevcut. "Elementlerle konuşmayı öğrenmeyen biri gerçek bir astrolog olamaz." demişti bir Şaman dostum ve "Elementlerle konuşuyor musun?" diye sormuştu. İlk önce anlamadım ama sonra yıllardır su ritüeli yaptığımı, toprağa armağan olarak çekirdekler verdiğimi söyledim. "Evet, sen elementlerle konuşuyorsun ve gerçek bir astrologsun." dedi. O an fark ettim ki elementlerle konuşmak sadece astrolog için değil insan olan, bilgece hareket etmek isteyen, farkındalık sahibi olan herkesin yaşam biçimi haline getirmesi gereken bir davranış biçimiydi. Suyun şuurunu idrak etmeden, O'nu Yaradan'ın suda var ettiği şifa ve kastı görmeden, ateşin nasıl bir enerji yaydığını hissetmeden, nefes alırken tüm havayı ciğerlerine şifalanma bilinciyle doldurmayan ve her birimizi içinde doğurup sonra içinde öldüren ve aslında öldürmeyip dönüştüren toprak anneyi anlamadan hiçbirimiz kâmil bir insan olamazdık.

Manadan maddeye gidemiyorsak maddeden manaya gitmeliydik ve madde sıkışık enerjiydi zaten. Madde mananın bilinciydi. İşte bunları iyice anladıktan sonra doğa bana mükafatımı verdi. Dört elementin enerjisine bürünüp, onların idrakiyle Yaradan'a biat etmiştim. O'nun büyük aklını ve yaratım gücünü yarattığı tüm varlıklarla birlikte tasdik etmiştim. Artık sadece istiyordum, imgeliyordum, sembollerle zihnimde can verip isteğimi elde ediyordum. Bunun sonucunda da her anım yüksek bir şükran ve huzur duygusu ile doldu. Sonra bana öğretilenleri paylaşmaya karar verdim. Öğretilen diyorum, çünkü bize her şey vakti gelince ilahi sistem tarafından öğretiliyor.

Bu dünya adeta "Bilinçlenme ve Olgunlaşma Okulu" gibi ve öğrenci başvurusu yapmak için öğrenmeyi istemek yetiyor. Yaradan bilgiyi isteyene veriyor. Eğer bilinçli ve farkındalığı yüksek bir öğrenci olmaya devam ederseniz sahip olmak istediklerini sadece içtenlikle istemeniz yetiyor. Ortalık mutsuz ve bilinçsiz dindardan geçilmiyor. Camiler, havralar, kiliseler dolu ama insanlar mutsuz. Çünkü Yaradan'ı gerçekten anlamıyorlar, sözde O'nunla uyum içindeler ama kalplerinde hissetmiyorlar. Bu kitabı okuyup yeniden doğanın bir parçası olduğunu idrak eden birinin kalbi Allah'ı aramadan, Allah onun kalbine misafir olacak; çünkü O tüm yarattıklarına sevgi gözü ile bakan, kendinden ayrı görüp böbürlenmeyen ve merhamet eden bilinçlerde olmamızı istediğini her şekilde hissettiriyor.

Doğayı kirlettiğimizde başımıza gelenler, ağaçların kesildiği yerlerde toprağın kayması, yağmursuzluk, su kirlendiği vakit gelen hastalık ve ölümler... Bunların her biri Yaradan'ın bizimle doğrudan konuşması. "Eğer seni içine yarattığım doğada sessiz ve masum olan şeylere zarar verir, suyu kirletir, saf olanı bozarsan ölüm ve felaket doğrudan seni bulur," demek istiyorcasına insanoğlunun aşırı ve bilinçsiz tüketimini büyük felaketlerle sonuçlandıran yaratım süreçleri yaratmasından aşikar!

İçinde bulunduğu doğayı kirleten ya da bir hayvanı öldürüp o günahı umursamadan ibadet eden birinin duası makbul olabilir mi? Bu kitap sizi istemeye hazır hale getirmek için var. İstediğinizi alabilecek frekans ve bilince yükselebilmenizi sağlamak için var, istediğiniz şeye giden yolda elinizde onlarca farklı seçenek olsun diye var. İstemek için çok istemek, her halinizle istemek, olabileceğiniz en yüksek frekanstan istemek, tüm bunları öğrenmek ve sizleri almaya cesaretlendirmek için var. İstemeyi istemenizi, hedef belirlemenizi ve net olup hedeflediğinizi almanızı sağlamak için var.

Olabilecekler içinde en iyisini hedeflemeniz, fazla mı oluyorum demeden kolayca isteyebilmeniz, isteklerinize ulaşmak için yeni yollar denerken aynı eşzamanlılıkta şifalanmanız ve doğru olanı seçme yetilerinizin artması için yazıldı bu kitap. "Hayatın komik bir tarafı; en iyisi dışında hiç bir şeyi kabul etmediğinizde, sıklıkla en iyisini elde etmenizdir." der Somerset Maugham. Ben de şunu eklemek istiyorum, en iyisi size en mutlu hissettirecek olandır. En iyisinden başka seçeneği, yani sizi en çok mutlu edecek olanı istemekten utanmadıkça, ve onu alıp sahip olabilme yolunda titreşimler yaydıkça elde edeceğinizden şüphe duymamalısınız.

Artık daha özgüvenli olabilirsiniz. Artık ibadet ettiğiniz halde üzgün birer insan olmayacaksınız, ibadetleriniz var olan huzurunuza huzur katabilecek, anlamını bulabilecek. Artık suçluluk duygusu ile zaman kaybetmeyeceksiniz. En büyük mertebe sabır ve şükür mertebesidir. Sabır tam bir olgunluğun şükür ise yüksek bir inancın göstergesidir. Tam bir olgunluk için çoğu zaman zorluklar ve öğretiler gerekir, tam bir şükür hali ise yüksek bir ilahi güven, yüksek bir özgüven ve kendini seven bir birey olmaktan geçer. Kendini bencilleşmeden sevip yaratımını olduğu gibi kabul edip teşekkür eden bireyi Yaradan da sever ve dolayısıyla ne halde olursa olsun, kişi suçluluk duygusunun gerileten girdabında boğulmayıp zararından dönüp iyilikler yapmaya devam eder. O zaman mutlu olma hali her ana sirayet eder. Öz sevgi... Her şeyin sonuçta dönüştüğü şey ışık ve sevgiyse eğer, ki öyle, bu kitapta benimle buluştuysanız, birlikte sevgiye ve ışığa dönüşüyoruz demektir. Bir ve bütünün en yüksek hayrına olsun.